财商思维
决定你一生财富的秘密

姚远生 ◎ 著

当代中国出版社
Contemporary China Publishing House

图书在版编目（CIP）数据

财商思维：决定你一生财富的秘密 / 姚远生著.
北京：当代中国出版社，2024. 6. -- ISBN 978-7-5154-1392-1

Ⅰ．F830.59

中国国家版本馆 CIP 数据核字第 2024DJ0702 号

出 版 人	王　茵
责任编辑	张　白
策划支持	华夏智库·张　杰
责任校对	康　莹
出版统筹	周海霞
封面设计	回归线视觉传达
出版发行	当代中国出版社
地　　址	北京市地安门西大街旌勇里 8 号
网　　址	http://www.ddzg.net
邮政编码	100009
编 辑 部	（010）66572180
市 场 部	（010）66572281　66572157
印　　刷	香河县宏润印刷有限公司
开　　本	710 毫米 × 1000 毫米　1/16
印　　张	12.5 印张　116 千字
版　　次	2024 年 6 月第 1 版
印　　次	2024 年 6 月第 1 次印刷
定　　价	78.00 元

版权所有，翻版必究；如有印装质量问题，请拨打（010）66572159 联系出版部调换。

前言

何为"财商"？即财富智慧或财富商值，具体包括一个人智商的高低、所掌握知识的多少、所秉持的观念或理念是否先进、决策和实践能力的强弱等。可以说，财商是上述各项能力的综合。

哈佛大学一位教授说过，财商、智商和情商是人们在现代社会不可或缺的三大素质。

高智商，可以让人掌握丰富的知识，拥有生活的智慧；高情商，可以让人在人际交往中游刃有余、广结人脉，并因此获得更多机遇，让工作或事业得到更好的发展。

拥有高财商的人，既能赚钱又能守财，还能让财富源源不断地为己所用，给自己带来幸福的同时还能帮助更多的人获得成功和财富。

人与人的智商相差其实并不大，情商也可以通过后天训练习得，唯独财商，不是人人都具备的。

有的人，拥有天才般的智商和人情练达的情商，财商却很低，因此无法掌握财富；而有的人则恰恰相反，学习不灵光，与人打交道也不是很圆滑，财商却非常高，往往因独到的眼光和超前的判断让自己获得远多于他人的财富。

那么，什么是财商呢？简单来说，要想创造财富，就必须先了解财富的内涵和外延以及财富的运行机制、原理与有形、无形的法则，创造财富时需要遵循的规律。有时候，一个人的财商和其能赚多少钱没有直接关系，它更多的是一个人幸福和健康与否的衡量指标，以及为社会创造多少价值和作出多少贡献的衡量尺度。

随着年龄的增长，如果一个人的财商不断增强，那么这个人一定会获得越来越多的财富。通常来说，财商高的人一般具备以下4个能力：

一是能够轻而易举地赚取财富；

二是能够正确运用财富提高生活质量和人生境界；

三是能够为社会创造价值；

四是有守住财富的能力。

总结起来，高财商就是具备创造、运用和管理财富的能力。

提高财商，需要从增长知识、改变观念、提高认知、增强技能和完善行为等方面入手。

提高财商，离不开对相关知识的学习，也需要具备符合财富法则和规律的观念、思维、意识和信念等。同时，在创造财富的过程中，还需要积累必备的技能、良好的习惯等。

在创造财富的过程中，无论是加强自己的财富观念与思维，还是充实自己的财富知识，最终都要落实在行动上，三者相辅相成、缺一不可。

本书所讲的财商，不是指方法，而是重在训练人改变其知识结构、固有观念，掌握创造财富和驾驭财富的综合技巧与方法。

今天，获得财富对一些人而言似乎是轻而易举的事情，前提是这些人具备财商思维。比如，他们能够通过活用信用、复利、现金流、金融杠杆、资产配置技术等手段，让自己的资产倍增，进而实现财富自由。

除此之外，健康的身体和丰富的内在，也是重要的财富。因此，人要不断强壮自己的身体，提高自己的修为、品行和境界，以此来提高财商，实现财富增值。

本书将从多个角度和读者一起探讨关于财商的话题，一起学习有关财商和财富思维的内容，从而发现自己的优势和不足，提高自己的财商，提升自己的财富能量等级，最终让自己成长为一个外在富足、内在丰富的人。

目录

第一章 财富的底层逻辑

财富的流向 / 2

影响财富的 8 大因素 / 7

时代不同，财富机会不同 / 15

思维不同，财富来源不同 / 19

圈子不同，财富潜力不同 / 23

能量不同，财富结果不同 / 29

学习力不同，财富迭代不同 / 34

第二章 低财商思维

用体力换取报酬 / 40

不重视"钱会贬值"的概念 / 45

认为自己天生不会富有 / 51

"前怕狼，后怕虎" / 55

只顾眼前,不考虑未来 / 61

对有钱人心存偏见 / 67

不重视时间的价值,不爱学习 / 72

谨小慎微,不愿意折腾 / 76

第三章　高财商思维

真正的富有,是思维上的富有 / 80

赚取财富靠思维 / 84

以智汇友,拓展人脉资源 / 87

用钱赚钱 / 92

把握别人看不到的机遇 / 95

勇于冒险和迎接挑战 / 99

专注于目标,并持之以恒 / 102

坚持不懈地学习和成长 / 105

第四章　唤醒财商,人人都能获得成功

创造财富,从强大的信念开始 / 110

最大的问题,不是没钱,而是无知 / 114

知识匮乏,会带来巨大的风险 / 118

规划自己的财富目标 / 121

先有能力圈,再谈舒适圈 / 124

打造适合自己的开源渠道 / 127

即使没钱,也要有富足的心 / 131

个人财富观念测试 / 135

第五章　用关于财富的知识升级财商

让财富跑赢通货膨胀 / 140

在现金流四象限中选择定位 / 144

厘清投资与理财的关系 / 148

重新认识时间的意义 / 151

盘点自己的资产负债 / 153

管理好每一笔收入和支出 / 155

合理配置家庭资产结构 / 158

借鸡生蛋,用别人的钱赚钱 / 161

第六章　创造由内而外的富足

以德赚钱,以德守财 / 166

小富靠精明,大富靠利他 / 170

感恩惜福,是宝贵的财富 / 172

大富之人,深谙舍与得的关系 / 177

财富的吸引力法则 / 180

守护健康,等于赚取财富 / 186

第一章
财富的底层逻辑

财富的流向

在社会财富分配中,有个非常著名的"二八法则",即20%的人拥有80%的社会财富,这说明大多数财富掌握在少数人的手中。如何成为那20%的成功者,是大部分人非常关心的问题。

那些拥有更多财富的少数人,是因为他们更聪明、更努力、更勤奋,还是因为机遇多、运气好、赶上好时代呢?其实,这些都不是最本质的原因,世界上还有很多既聪明又勤奋的人并没有掌握更多的财富。

经济学里有一个概念叫"马太效应",指的是一种强者越强、弱者越弱的现象。它反映的社会现象是两极分化,富的更富,穷的更穷。通俗地讲,就是拥有更多财富的人,他们的资产占社会总资产的比例会越来越多;而拥有较少财富的人,他们的资产所占社会总资产的比例会被一点点地蚕食,变得越来越少。

而之所以少数人拥有多数财富的现象这么普遍,其背后的真相并不在于社会的财富分配逻辑有偏差，最本质的原因在于财商。

很多人把自己不能发财致富的原因归咎于出身不好，没有继承到殷实的家底。这固然算是原因之一，但据调查，拥有很多财富的人中，白手起家的富豪所占比例最高。这些人之所以能变得富有，是因为他们具有较高的财商。

英国纪录片《56UP》，对不同阶层的14个孩子进行跟踪采访、拍摄记录，每隔7年记录一次，从7岁开始，14岁、21岁、28岁、35岁、42岁、49岁，一直拍摄到56岁。几十年过去了，还是那个导演——从青年到老年，还是那群研究对象——从童年到老年。

在这部纪录片里，明显反映了不同阶层的人拥有不同的思维模式。很多富裕家庭的孩子在7岁时已经每天在看《金融家》或《观察家》了，而且他们明确知道自己的人生目标，比如，将来会上哪所高中、未来可以成为什么样的社会精英等。

中产阶级的孩子也有梦想：到哪里上学读书，将来找个什么样的工作等。

而那些贫民的孩子多数没有梦想，最大的心愿只是吃饱饭、少罚站、少被打等。

经过长达几十年的跟踪拍摄，那些人的人生在一定程度上证实了导演最初的推测：上层社会的孩子发展得更好，财商更高。

从小到大的生长环境和教育背景决定了一个人的思维方式,而这种思维方式也决定了贫富差距。

普通人喜欢把钱"存放"起来,不敢让财富流动,高财商的人则会把钱当成一种持续不断地赚取更多财富的工具。

普通人想变得富有的方式是积累财富,而高财商的人会在不断试错和盈利的过程中,积累更多的经验,使得头脑和思维更加灵活,这也就增强了抗风险的能力和获得财富的能力。

成功的人具有独特的思维模式,他们会深度思考,不会被"羊群效应"所左右,并且总是能够看清事物的本质,因而能在每一次财富机会降临的时候牢牢抓住。

需要注意的是,即使有了独立思维,时间久了也会形成惯性思维。随着经验的累积,每个人都有自己的一套思维方式,它像滚雪球一样,借着惯性越滚越大,速度也会越来越快,进而逐渐形成更大的惯性思维系统。世界万物都在变化中发展进步,而一旦形成惯性思维,就会有思维固化的风险。

因此,财商思维的精髓在于坚持学习,持续更新知识体系和观念,不断研判趋势、发现新机遇,从而随时调整自己的投资和理财方式,根据家庭资产的状态,动态地进行财务规划。

首先,普通人不能拥有更多的财富,是由其思维和决策模式造成的。在知识与信息匮乏的条件下，做出的错误决策会让人陷入持续的贫穷状态。

其次，还和其应对和把控风险的能力不足有关。下面举个关于投资的例子：

甲和乙同时看好一个投资项目，甲有5万元的启动资金，乙有50万元的启动资金，项目前期需要投入10万元。

甲把仅有的5万元和借来的5万元全部投了进去，结果赔得血本无归，不但原有的积蓄打了水漂，还得偿还债务。

于是，甲不得不兼职多份工作开始赚钱还债。

乙投资的一个10万元的项目同样也赔了，但他原本有50万元的积累资金，还剩下40万元可以重新寻找新的机会。除了损失一点本金外，对他没有造成任何伤筋动骨的影响。

从这个小案例中我们发现，甲的抗风险能力明显不如乙，而乙有可能在下一次碰到投资机遇时翻身，再把之前损失的10万元赚回来，而甲在一段时间内却已经没有机会了。

最后，我们不要鄙视和批判贫穷，不要对贫穷的人进行负面评价，比如"懒惰""不思进取""冲动消费""目光短浅""游手好闲"等，甚至有些人有可能还会给他们贴上道德和人品问题的负面标签。

或许实际情况正好相反，在现实生活中，很多不太富裕的人往往非常勤奋、努力，而且也懂得节约、克制消费。

因此，一个人拥有的财富和自身的努力程度没有绝对的关系，真正重要的是他是否具备比普通人更超前的思维和更高的财商。

当然，这里不是主张大家放弃努力，等着天上掉馅饼。因为这样做更加不可能寻找到财富和机遇。

当明白了轻松拥有财富和无法拥有财富这两种不同的客观现象，我们就可以进行理性地思考。去发现财富背后的隐秘规律，迈出树立财商思维的第一步。

影响财富的8大因素

有时候,财富代表着一个人的价值和地位。在追求财富的道路上,有人一帆风顺、财源广进,可谓"春风得意马蹄疾";有人却境遇不佳、一贫如洗,需要不断抗争才能勉强维持温饱。

那么,影响财富的因素究竟有哪些呢?简单来说,可以概括为以下8点:

1. 地理因素

财富不是凭空产生的,不同的地理环境会影响经济的发展,也会影响当地的生产、服务、生活水平等,无形中就会影响人的发展和财富的积累。

试想,边远山区和一线城市在经济发展方面肯定有质的不同,那些经济发达、交通便利且依山傍水、气候适宜、环境优美的地方会给人带来更多有利的影响。如果有条件,选择宜居的地方,会给人带来更多发展和创造财富的机遇。

但是，随着移动互联网的日益发达，在很多交通不便、偏远落后的农村，有一部分人通过直播带货实现了财富的增长。所以，地理位置也不再是决定性因素。

2. 文化因素

财富的差异与文化的差异息息相关。比如中国当年的"温商""晋商""徽商"等，这些地域文化孕育出不同的财富观念，进而创造了财富价值。

作为内在价值和态度，文化明显影响着人们的思维，进而指引着人们的行动。这一发现，甚至让一些研究者感到震惊。因此，人们要想变得富有，就要重视文化教育，它可以改变我们的未来。

3. 社会因素

古往今来，各种社会都存在贫富差距。随着经济的发展，全世界都趋向于社会阶层固化。此外，社会因素包括人口规模、教育水平、人力资本和社会流动性等方面。这几个方面都会造成经济差异，从而影响人们的财富积累。

比如，一个地方考上985、211大学的人非常多，而另一个地方教育水平非常落后，这两个地方在经济发展上就会有质的不同。再比如，在近30年的中国，选择在小城市奋斗和选择在北上广深奋斗相比，积累的财富也会有很大差别，这就是社会环境的力量。

从更广泛的角度看，要想更加有效地赢得财富，就要根据自己的实力和特长，选择一个有更多赚钱机会的环境。

不过，社会因素固然会有影响，但如果我们把更多的注意力和精力放在提升自我、提升财商和让自己找到更加符合趋势的人生赛道上，我们依然可以改变命运。

4. 政治因素

有炒股经验的人都知道，政治上一有波动，金融市场上就一定会产生不小的震动。实际上，不管是股票还是其他与财富相关的金融领域，都会受到政治因素的影响。

对于每个人而言，只有一个国家的经济稳定运行、政通人和，财富积累才会正向发展。当然，中国 40 多年来的高速发展，也造就了一批富豪和中产者。

在经济日益全球化的当下，国际环境更加错综复杂，投资者不仅要面临来自市场的各类风险，也在不断遭遇非市场风险。其中，政治风险尤为突出。

所谓政治风险，一般是指因政治因素的不确定性对投资环境和创富环境产生的影响。这种不确定性可能是正面影响，也可能是负面影响。

由于政治风险难以预判、影响力大，政府对经济活动和社会生活的任何干预都会在不同程度上影响投资标的的价值。因此，政治风险几乎是所有风险中最具影响力的。比如，一旦发生了战争，就会使经济受到强烈的影响，对个人财富的影响也会非常明显。

5. 行业因素

美国投资家查理·芒格曾经说过一句话：捕鱼的第一条规则，是去有鱼的地方；第二条规则，是不要忘记第一条规则。

这说明什么问题呢？选择了一个好的行业，就等于选好了优质的人生赛道。不要入错行，后续才能有钱赚。所以古人云："女怕嫁错郎，男怕入错行。"

因此，要想赢得财富，就要选择一个符合趋势、高速发展、利润丰厚、竞争较少的行业。然而，这绝非易事，我们需要学习不断提高财商。

6. 资源因素

财富的积累离不开资源。要想获得财富，既依赖有形资源，也依赖无形资源。有形资源包括土地、房产、人力资本、金钱等；无形资源则包括人脉、信誉、知识、眼光、观念、思维、技能等。

个人资源的获得，主要有两种方式：

（1）家族继承。从家族中继承资源，无论是有形资源还是无形资源，对于一个人的成功，都有着巨大的作用。虽说条条大路通罗马，但有的人，一出生就在罗马。

（2）自己开拓。就是主动奋斗，去提高自己、开拓资源以及跟别人交换资源。其实，无论是继承的资源还是开拓的资源，只有拥有更多的资源，才能获得更大的机会。

按照"股神"巴菲特的说法，当天上掉金币的时候，你要有个大盆去接。这说明，在这个世界上，确实会出现"天上掉馅饼"的事情。然而，只有准备好资源和拥有财商的人，才有机会接到天上掉下来的馅饼。

每一个时代，每一次变革，都会带来一波巨大的红利，就像"天上掉馅饼"一样。所有幸运的人，在每一次大趋势所给予的机会中捕捉到的红利都是认知与财商的变现！

因此，要想赢得财富，就要善于寻找和利用资源。比如，金钱（本钱）资源可以通过银行借贷获取；人脉资源可以通过自己主动努力，跟能帮到你的人建立有效连接来获取。总之，要想尽办法去建立自己的资源体系。

7. 机遇因素

靠原始资金致富者也许需要逐渐积累，而真正的大富大贵者，最终靠的还是精准地捕捉机遇。

时代是在不断发展变化的，市场也是如此，每隔一段时间就会出现一个赚钱的"风口"。抓住这样的机遇，就能实现财富的积累，从而达到事半功倍的效果，甚至轻而易举地获得财富。

为什么有些"牛人"能抓住每个"风口"？这并不是因为他们运气好，而是因为他们为了这个机会已经暗暗准备了很多年。他们早已经提前准备好迎接"风口"，而不是像大多数人一样去追赶"风口"。等你发现"风"起来了，再去追赶的时候就已经晚了。

因此，要想拥有识别和把握机遇的能力，就需要有足够的财商，这就需要刻意训练，在实践中锻炼洞察力、培养市场嗅觉，再坚持提升行动力和拓展匹配该机会的资源和能力。否则，即使有再好的时机，也不属于你。

比如，很多人在失去机会后追悔莫及，就是因为没有能力识别机遇，甚至不相信机遇，或者是识别到了，却没有行动。这也是财商不足的表现。

只有坚持学习、见多识广、刻意训练过的人，才能有效合理地规避风险。否则，别人眼里的机遇在你眼里也许是陷阱。

财商还表现在对真实机会的判断，要敢于做充满热情的机会主义者，而对胜利无益的机遇，也要敢于放弃。

每个时代都有其机会，而大机会一定是在一些行业变革的时代出现，通常出现在新技术发明、新产业孕育或者新政策出台的时候。总结世界各国成功企业家的经验，他们几乎都抓住了重大的变革机会。

8. 目标因素

一般情况下，只要目标清晰、坚持学习、刻意训练、不断争取，人人都可以成为富人，都能拥有财富。然而，很少有人有具体的、明确的目标，这依然是财商的问题。

你要一年赚几百万还是赚几千万呢？你的计划是3年达成还是5年达成呢？创造财富的目标并不是一个笼统的概念，而是需要量化和具体的。

只有目标具体清晰，你的头脑中才会拥有一个明确的财富蓝图，再通过学习和训练，用好的方法和行动来实现目标。

人生目标并不是一成不变的，它可以随着时间和思想的发展去调整或改变。然而不能没有目标，哪怕这个目标在你有生之年没有实现，也比没有目标好。

有了人生目标以后，就找到了努力的方向，人生便会豁然开朗，你就会发现之前所有不好做的选择都变得容易了，一切以"对人生目标有没有帮助"为判断标准，该不该选择就很容易判断了。

制定好人生目标后，每天按照计划学习和工作，把注意力放在提升自我上，修炼内功，提高自己的认知能力、逻辑能力、专业能力、执行力和专注力，然后循序渐进地实施自己的计划或者耐心地等待机会的到来。

对于目标的实现，还有另一个不可忽视的因素，那就是必须持之以恒，这是古今中外几乎所有成功者必备的素质，也是财商的一个重要内容。

你能每天早晨坚持规划一天的工作吗？你能每天晚上坚持读书、听课吗？其实，这些活动本身并不是最重要的，它们最大的意义在于帮助你养成自律的习惯。

通过坚持一些微不足道的小事，你会发现自己原来是有毅力、有恒心的人，在遇到大事的时候也一定比其他人更加持之以恒和坚韧不拔。

在这个世界上，做一件事能坚持 3 天的人有很多，能坚持 3 年的人很少，能坚持 30 年的人则微乎其微，在获取财富方面也一样。

当制订好总体目标和具体实施计划以后，要想获得真正的成功，关键就在于长期坚持。坚持，是个很简单的词，虽然每个人都知道什么叫坚持，但不是每个人都能做到。

时代不同，财富机会不同

《富爸爸，穷爸爸》的作者罗伯特·清崎说："300年前，土地就是财富，所以那时拥有土地的人就拥有财富。工厂和工业产品时代，工业企业家成了真正拥有财富的人。现在，信息就是财富，谁拥有最及时的信息，谁就拥有财富。但问题是，信息以极快的速度在全球传播。因此，新的财富不再像土地和工厂那样，可以被固定在一定的地域范围内。世界变化的速度将越来越快，竞争将会越来越激烈。新的千万富翁的数量将急剧增长，当然，也会有许多人被远远甩在后面。"

回顾中国改革开放40多年来的发展历程，每一批富人都是把握住了趋势，站在了"风口"上，让大趋势推动着他们走向成功。比如，20世纪80年代流行下海经商、20世纪90年代流行投资房地产、21世纪流行投入互联网行业。

从各行各业来看，这些成功范例告诉我们，如果你想赚到钱，你就必须紧跟时代，而时代不同，财富的机会也不同。

现在我们处于信息高度发达的时代，这个时代的财富积累不再只是依靠体力和勤劳的品质，而是取决于思维方式的改变和是否能跟上时代的节奏。我们身处一个跌宕起伏的大时代，短短十几年却经历了很多变化。凡是踏准了时代节点的人，都被送到了浪潮之巅，获得了财富积累的机会。

时代给予的机会，跟一个人的智商、天赋甚至勤奋程度都没有任何关系。有的人很努力，但依然没有逃过经济浪潮的冲击；而有的人并不是很努力，却赶上了风口浪尖，成了弄潮儿。比如，20世纪90年代开始进军房地产的人，大部分都实现了财富自由，靠的是其能够掌握财富的规律和时代发展的经济周期带来的红利。

对于创造财富的人来说，能够看准周期、把握大势，并根据风向和风速判断下一个大浪，远比努力要重要得多。每一次新机遇的到来，都会造就一批成功者！当别人不相信的时候，他们却坚信不疑；当别人不明白的时候，他们明白自己在做什么；当别人不理解的时候，他们清楚自己在做什么；当别人明白了，他们已经富有了；当别人理解了，他们已经成功了。

除了把握时代脉动外，还要重视经济发展的周期规律，选择处在经济上升周期的时候做投资或理财，赚钱的概率就会大增；反过来，如果正好处于经济下滑周期，无论多么高明的投资手段和头脑，也敌不过大环境不景气所带来的压力。

那么，什么是经济周期呢？

经济周期也称"商业周期""景气循环"，它是指经济运行中周期性出现的经济扩张与经济紧缩，交替更迭、循环往复的一种现象，是国民总产出、总收入和就业率的波动，是国民收入或总体经济活动扩张与紧缩的交替或周期性波动变化。了解了经济周期的有关知识之后，依据经济增长和通货膨胀这两个指标，投资人就可以很快找到目前是处于经济循环的哪个阶段，并据此做好相对应的资产配置和投资决策。

因为周期的力量无比强大，所以我们要相信并利用经济周期性的规律。大到国家经济历史进程，小到企业经营、个人命运，任何事物的波动都是有周期的，没有一种投资会永远亏损，也没有一种投资会永远盈利。

人的一生至少会遇到十几次经济周期，如何利用经济周期帮助我们更轻松地积累财富，是我们要学习的一堂课，连"股神"巴菲特也不例外。

除了经济的周期性规律会给我们带来创造财富的机会外，时代的进步、科技的创新和世界贸易的发展也会在一些行业中创造符合大势的全新财富机会。谁能先看懂大势，谁就可以把握住机会。

投资界有一句真理：永远不要与大环境和趋势作对。

很多人总是按照自己熟悉的路走，永远抱着老黄历来看待新事物，明明时代已经发生了改变，却还用怀疑和批判的眼光来看待时代的进步和经济的发展，这样就会错过很多的人生机会。

比如，当人们买洗衣机的时候，守旧的人认为洗不干净，结果多用手洗了好几年；当新楼房开盘上市的时候，很多人抢了先机，却有不少人认为房价不会涨，结果错失了最好的买入时机，白白比别人多吃苦十几年甚至一辈子。

新的事业、新的财富机遇，你看不懂，他看不懂，但总有人能看得懂；你不做，他不做，但总有人去做。谁也阻挡不住社会的发展和时代的进步。抓住了就是机遇，抓不住只能望洋兴叹。

思维不同，财富来源不同

洛克菲勒说过这样一句话：如果有一天，有人将我剥得身无分文、丢在沙漠里，只需要有一群驼队经过，不久之后，我又能建立起一座商业帝国！他之所以敢这么说，是因为他有着别人无法剥夺的秘密武器——财商思维能力。

常言道，"脑袋决定口袋"。决定一个人财富的，相比智商，其实思维模式更为重要。它是一种软实力，可以让人即使身处荒芜的沙漠，也能迅速改变现状、获得财富。

思维不同，人与人之间的思考方式、看世界的角度以及辨别事物的标准都不同。很多功成名就的富人，有着洞察世事的思维能力和眼光，借助这种思维模式，他们更容易找到获取成功的方向，可以在阻挡自己的障碍上寻得缺口。

在思维方面，有一个经典的对话。有人问一个没有成功的人："你为什么不去创业？""我没有钱，怎么创业，万一赔了怎么办？"

同样问一个已经成功了的人："当初，你为什么要创业？""因为我没有钱，所以要创业。""那赔了怎么办呢？""我当初就想着万一赚了呢？"

由此来看，人与人之间的不同，并不是有钱没钱的不同，也不是胆量的不同，而是思维的不同。因为思维不同，所以财富的来源和多少也会不同。

还有这样一个故事：

有两个卖鞋子的商人来到非洲某沙漠地区，他们在了解了这里的民族习俗、服饰打扮等情况后，发现生活在沙漠中的非洲人不穿鞋子。

看到这种情况，一个商人很失望。他想：这里的人都不穿鞋子，我把鞋子卖给谁呢？于是，他离开了。

另一个商人看到这里的人都不穿鞋子，非常高兴和兴奋。他想：这里的人们没有鞋子穿，如果每人买我一双鞋子，我就发大财了。

于是，他把大量的鞋子运到非洲，到处去推销，给人们讲解穿鞋子的好处。几年之后，这个商人发了大财，过上了富裕的生活。

此时，另一个商人还在为到处推销不出去鞋子而愁眉不展，日子也过得十分拮据。

两名商人面对同样的机遇，却因为思维和认知不同，出现了截然相反的两种结果。

从这个故事中，我们可以知道，拥有高瞻远瞩的财商思维的人，往往能看得更宽广、想得更深远，在投资和创业方面也就更有智慧。这样赚取财富，就会多一些渠道。

如果思维局限，比如只靠打工或朝九晚五、出卖劳动力赚钱，那么财富的来源就非常单一。而且，这种积累财富的方式风险非常大，你的身体一旦不好或者失业，你的财富来源就会枯竭。

在实践中，人们要想实现财富状况的突破，就要先实现大脑思维方式的突破。如果思维不能突破，又怎么靠财商思维去实现财富积累呢？

有句话说得好："解放思想，黄金万两。"因此，金钱是靠转变思维方式获得的。还有一句话说，任何财富的获得，都是认知的变现。

王先生爱喝茶，不过他一直喝的是20元一两的普通茶叶。在一家新开的茶叶店里，每次王先生去买茶叶，老板都送他半两好茶。王先生总是将好茶攒着用来待客。有一天闲来无事，他给自己泡了一壶好茶，竟然喝上了瘾。在喝完免费的好茶之后，王先生便不愿再喝20元一两的普通茶叶了。

再后来，不管他买多贵的茶叶，老板总会送他半两更好的。半年下来，王先生花在茶叶上的钱竟然是原来的 10 倍！

一开始看起来，是王先生占了老板的便宜，可实际上，老板在每次多给王先生半两之后，赚得更多！

这个茶叶店的老板就是一个拥有高财商的人，他不计较小的付出，从而赢得了更多的生意。

圈子不同，财富潜力不同

前几年，流行一句话：你就是你最常接触的 5 个朋友的平均水平，甚至收入也可能是这 5 个人的平均数。这就像很多人说的那样，你的圈子决定你的现状和未来。

你的认知、信念、能力、收入、财富，甚至去哪里、做些什么、能做到什么程度，都与你所在的圈子息息相关。

近年来，人们越来越发现圈子的重要性。无论从信息共享还是跨界合作，没有圈子的单打独斗已经成了过去时。

圈子不同，人生就不同。正所谓"近朱者赤，近墨者黑"。自古以来，圈层一直在社会发展中占据着重要地位。

胡润曾说，10 年前，富豪们买楼更多的是关注地段和开发商的品牌，而如今，地段因素明显被弱化了，圈层因素却明显被强化了。富人们越来越看重圈层，这也是富人越来越富有的重要原因之一。

如果仔细观察，就不难发现，任何一座城市的财富，最终都被大大小小数以万计的小圈子分食了。

别看有的小圈子规模不大，但它们有自己的生财之道，最终形成某个领域的财富圈子。比如，房地产业的圈子、物流业的圈子、服装业的圈子、金融投资业的圈子、教育业的圈子等。

就像人们用于调侃的段子所说的那样：

普通人的圈子，谈论的是闲事，赚的是工资，想的是明天。

生意人的圈子，谈论的是项目，赚的是利润，想的是下一年。

事业人的圈子，谈论的是机会，赚的是财富，想的是未来五年。

投资人的圈子，谈论的是管道，赚的是财富自由、时间自由和人生自在，想的是长久。

修行人的圈子，谈论的是提升，赚的是境界，想的是遵道而行、厚德载物、利益众生。

有很多人把圈子狭隘地理解为认识几个有钱的人或有权的人，想着自己靠拉关系打听点内幕消息，然后就能借机发大财；又或者是想跟着有钱或有势的人寻求点机会，一步登天。

然而，现实是复杂的，圈子其实都有隐形的门槛。有时候不是别人不想带你玩，而是你的思维模式与人家格格不入，你的步伐也跟不上人家的节奏。

一个圈子里的人，大部分是处于相同、相近的知识阶层、社会地位和思维模式的人，能进入同一个圈子的人，要么做的事相同，要么价值观相同，要么彼此有资源上的对接。

相关资料显示，"股神"巴菲特一生中的大部分时间是在他的家乡奥马哈小镇度过的。在这个市区面积约236平方公里，相当于北京市朝阳区一半大小的小镇上，住着200多位亿万富翁。这些亿万富翁中的大部分人对投资理财并不精通，但他们坚定地跟着巴菲特投资。晚餐过后，他们与巴菲特打打桥牌，听取他的投资建议，在谈笑、消遣中迎来人生机遇。因此，奥马哈小镇被称作"投资界的麦加"。

说到底，财富的积累就是人脉、思维、信息和经验的积累，而这些恰恰得益于在圈层中获得的帮助与培育。一个圈层中的人，可以彼此分享信息和经验、共享和拓展人脉。

如今，获取财富如果只靠单打独斗、闭门造车是比较困难的。首先，如果有一个圈子共享信息、取长补短、互相支持、互相合作，就可以弥补一个人在能力和认知上的不足。

其次，圈子对于投资项目的获取、资金的募集以及风险的管理，都能带来益处。不仅如此，在圈子里还能够抱团取暖、共同抵御经济下行周期的系统性风险。

因此，在创造财富的过程中需要设定的目标之一，就是让自己归属于一些圈子。不论自己的定位是什么、专长是什么，也不论这个圈子当时有多大，有圈子总比没有圈子好。

圈子的存在并不是为了让人在刚加入的阶段能够从中赚到钱，而是通过在圈子里的交往，把自己很多外行的、幼稚的、粗浅的想法和信念暴露和梳理出来，并打碎重建，这才是圈子存在的核心意义。

如果调查一下富人的成功轨迹，就会发现，很多人的发迹之路并不是光靠自己单打独斗、摸爬滚打，而是在跟对了一个圈子后，慢慢熟悉其中门道，随后再另立门户，获得了大幅度积累财富的契机。

那么，什么样的圈子才是正确的选择呢？圈子成员不应该是天天见面、谈心聊天的亲人、朋友。这些都是"强联系"，因为彼此都太过熟悉，反而无法在他们身上学到更多新的思路。

他们应该是你的人生导师，是指明赚钱机会的引路人，是饭桌上偶尔认识的内行陌生人或是跟你在网上互动专业内容的人，这些人才是最佳的圈子成员。

虽然与有些人看似是泛泛之交，但他们精通某些专业，与你有不同的思路，反而会给你带来一定的帮助和启发。就像著名社会学家、斯坦福大学教授马克·格兰诺维特的研究成果所呈现的那样：真正有用的关系，并不是亲朋好友这种经常见面的"强联系"，而是"弱联系"。

格兰诺维特对这个现象有一个解释：整天跟你混在一起的这帮人，

很可能干的事跟你差不多，想法必然也和你很接近。如果你都不知道有一个全新的工作机会，他们又怎么会知道呢？

因此，只有在"弱联系"中，才有可能让你知道一些曾经不知道的事。

格兰诺维特发现，圈子不但提供人脉和信息资源，而且对一个人把握财富机会的能力也有很大的影响。

据统计，如果圈子中有一名成员是名校毕业的，其投资的公司将来上市的可能性会提高9%；如果他的搭档也是名校毕业的，则会提高11%。按能力选搭档，哪怕你只是简单地把能力用学历来表示，都能增加成功概率。

我们听过很多成功人士的分享，除了勤奋和努力之外，他们都在强调的很重要的一点，就是主动去加入更高级别的圈层。为了去到更高级的圈层，他们会让自己不断地学习、提升和成长。

无论是投资成功、创业成功还是营销成功，普通人之所以很难成功，其关键因素之一，就在于他们所处的圈层造成的不良影响。

良好的圈层可以激发人们学习的欲望和对人生的追求。因此，圈层会直接决定一个人的人生上升趋势。一般情况下，优秀的圈层将会赋予每一个成员优秀的人生轨迹！

我们接近什么样的人，就会受到什么样的人的影响。小人教会我们如何投机取巧、坑蒙拐骗；小气的人教会我们抠抠搜搜；酒肉朋友教会我们胡吃海塞、吹牛皮，而成功的人让我们看到人生有另一种活法。

生活圈子、工作圈子和身边的朋友以及个人的思维、眼光、魄力决定了一个人的格局，思维和格局决定了人生中的各种选择，而这些选择最后就决定着一个人是否拥有创造财富的能力。因此，选择一个优质的圈子，不仅有助于开阔眼界和改变思维方式，更有助于拓宽格局，提升财商，进而成功地创造财富。

能量不同，财富结果不同

能量是物理学的基本概念之一。不管是经典力学、相对论、量子力学，还是宇宙物理学，能量都是一个核心概念。

电影《秘密》中说："一切物质都是由能量构成的。虽然各种形式的能量看不见、摸不着，但它们是真实存在的。"

爱因斯坦发现：万物的本质皆能量。我们每个人都有自己的能量场，通俗地讲，也就是我们平常说的"吸引力"。

一个人身上散发出的吸引力决定了他的气场。一个人走过来，如果看上去让人心生愉悦，那就是他身上散发出的能量场吸引了你。

为什么说人的能量不同，财富结果也不同呢？

通常来说，一个人的能量处于正能量和积极的状态时，他身上会散发出正能量的气息，容易引起别人的注意，也容易吸引到相同气质的人。同频共振不仅会吸引更多志同道合的人，还会引来更多人的支持和关注，而更多的关注，就意味着创业和创富机会的增加，财富增加的可能性也就更大。

能量也可以说是一种内在的力量，是一种由内而外散发出来的影响力。只有能量强大才能吸引同频的人，从而吸引更多的机会、吸引更多的财富。

一个人的内心如果始终带着一种力量，并且渐渐聚焦于自己的人生点滴，那么他的个人计划就会变得清晰、做事的思路也将会更加明确。

这样，就会在无形中拥有一股强大的能量来吸引更多好事来到身边，这不正是将要拥有更多财富的先兆吗？

既然万物的本质都是能量，那么财富也是一种能量，也会被吸引。能量越强大的人，越能吸引来更多的资源。同理，越是负能量的人，就越会吸引负面的事物来到身边。

我们发现，很多有钱的人都是非常乐观的，即使他们遇到困境，也从来不会消极。赚钱也是一样的道理，你要想拥有很多金钱，就得先改变自己的磁场。磁场改变了，金钱就自然被吸引来了。

一个人只有拥有内在的力量，才能活好当下，不为已经消逝的昨天哀叹，也不为未到的明天忧虑，而是能够切实地把握当下、把握今天。只有这样，才会日日是好日，不论今昔与往昔。

改变磁场的方法之一，就是跟有高能量的人学习和交往。如果身边没有这种人，可以多参加高能量老师的课程，他们可以带领人提升正能量；也可以多读圣贤书，圣人都是能量非常强的人。

只要坚持不懈，慢慢地，在不知不觉中，自己的能量就会发生改变，赚钱的思维也会发生变化。思维发生变化后，当在做某件事情的时候，成功率就会提高，赚钱也就成了手到擒来的事情。这就是大家所说的吸引力法则！

因此，当我们内在的能量越强时，这种能量就越能转化为外在的物质，获取财富的机会就会大大提高。用我们中国传统文化来解读，一个人内在的能量可以总结为一个字，那就是"德"。而如果把财富看作外在的回馈，我们可以认为是"得"。因此，德＝得，有德，就有得。

有一个关于富豪捐款的故事：

汽车大王福特并不是一个吝啬的人，但他很少捐款。他认为，金钱的价值并不在于多寡，而在于其使用方法。他最担心的就是所捐的善款会落到不善于运用它们的人手里。

有一次，乔治亚州的贝蒂校长为了扩建学校，来请求福特捐款，福特拒绝了她。贝蒂说："那么就请捐给我一袋花生种子吧！"于是，福特买了一袋花生种子送给了她，后来福特就忘了这件事情。

一年后，贝蒂又登门拜访，并交给了福特600美元。学生们播种了当初的那一袋子花生种子，这600美元是一年的收获。这时，福特什么都没说，立即开了张600万美元的支票给贝蒂。

为什么福特最初不捐，看到了校长带来的花生收入后又慷慨捐助呢？因为作为一个经营有道又知道财富意义的人，他看到了一种能量，这种能量让他非常放心地把钱捐给这样的学校和校长。

校长和孩子们向福特传达的这种能量，就是善用钱财、回馈别人的付出、让金钱变得有价值。

福特的"吝啬"绝非多余，太轻易得来的金钱往往很难让受施者领悟到金钱背后饱含的苦与智。

贝蒂校长对点滴布施的至高尊重也应该得到赞赏，她带领孩子们撒播下的是足以证明他们有决心和能力承受他人恩惠的资格。

这个故事的寓意，就是正能量的互相吸引、互爱互助。

能量和财富也是如此，拥有彼此吸引、相互成就的能力。越是积极、有正能量的人，越能吸引更多的财富；如果能够善于利用财富，又会促进能量的不断提升。

如果把钱财也看作能量的回馈，那么金钱也是流动能量的一种。根据这个逻辑推理，金钱是物质财富能量，我们每个个体也是物质，本质也是能量。因此，我们人和钱代表的财富能量，互相之间可以产生吸引。

另外，人的内在无形能量和外在有形财富能量，互相之间也可以产生流动和转化的关系。关于这个主题，在以后的章节中，再详细论述。

一个人不管生命长短，只要内在有德，钱财自来。每个人的福报都藏在自己的观念里，藏在自己的性格中和为人处世的行为习惯上。

学习力不同，财富迭代不同

人们都知道坚持学习的重要性。在这个日新月异的时代，今天的知识，明天可能就落伍了。如果不用持续更新的知识来武装头脑，思维就会退化。显然，学习力的不同，财富迭代也会不同。

如果不坚持学习，就无法发现什么是大势。今天，当人们开始进入金融投资市场、开始更新个人资产结构配置、开始布局元宇宙的时候，如果你还停留在十几年前或二十几年前开工厂的创富思维模式，那就肯定跟不上时代的发展。

一个人要想迅速获得财富，离不开坚持不懈地学习和源源不断地汲取新的知识、新的讯息，让自己的思维在风口上开拓与驰骋。

任何财富都不是凭空出现的，从以物易物的原始社会开始，人类也是在不断地"探索—完善—继续探索"的进程中变得越来越强大，而这全靠不断学习和探索。

任何一种财富都不能长久不衰地传承下去，随着岁月的流逝，它只能传承到一定的时代，然后被另外一种形式的财富替代。

能够实现财富持续迭代传承的人，无不是具备主动学习能力的人。他们不但跟同行学习，还会跨行学习、广泛学习。李嘉诚、任正非、福特、巴菲特、比尔·盖茨，无一不是坚持学习的典范。他们成功地缔造了自己的商业帝国，这都离不开持之以恒的学习。

比如，李嘉诚小时候家境贫寒，但从小就对知识充满了渴望，于是他养成了自学的习惯。在任何情况下，他都不忘读书。当年打工的时候，他坚持自学，创业期间也挤出时间自学，成功之后依然在不知疲倦地学习。

李嘉诚每天睡前都会看书，他喜欢看人物传记、医疗、教育、管理、经济、福利等多个方面的书籍，而且每天坚持学习英语好几个小时，然后才能阅读英文杂志，才能轻松地飞往世界各地参加各种展销会，谈生意。

李嘉诚曾经说过这样一番话：在知识经济的时代，如果你有资金但缺乏知识，拼搏失败的可能性就会非常大。然而，如果你有知识，只是没有资金的话，小小的付出就能够获得金钱的回报，并且有可能很快达到富足。

人们研究过一个飞机上的情形：

飞行过程中，乘坐头等舱的旅客往往在看书，乘坐公务舱的旅客大多在看杂志或用笔记本电脑办公，而乘坐经济舱的旅客则基本都在看电影、玩游戏或者聊天。

富人们会利用每一分钟充实自己。

数字产业、人工智能、元宇宙……面对互联网时代层出不穷的新趋势，一个人如果不掌握更多新兴领域的知识，就无法在迭代的信息世界中跟上时代的步伐。

"终身学习"目前已经成为成功的必要条件。只有不断学习、坚持学习，才能对抗世界的不确定性，才能拥有更多选择，也才能拥有持续积累财富的能力。

财富的积累离不开投资、创业和理财，这些领域的知识可谓浩如烟海，如果不让自己的知识迭代，当别人坐在你面前和你谈论这些领域的事情时，你就会听不懂、看不懂，又何谈跟上人家的节奏呢？

创业、投资、理财以及其他创造财富的途径都有风险，如果没有过硬的知识和技能作后盾，就很容易成为"被收割的韭菜"。

直播带货、私域流量、在正规且受监管的平台上进行的外汇保证金托管交易、元宇宙、碳中和……这些不断涌现的新浪潮式的风口型项目机会必然会促使你去主动学习，也会牵着你的好奇心，让你始终保持"饥饿感"。

美国投资家查理·芒格曾说过：我不断地看到有些人在生活中越过越好，他们不是最聪明的，甚至不是最勤奋的，但他们是学习机器，他们每晚睡觉时都比那天早晨聪明一点点。每个优秀的人都具有超强的学习力，善于学习、广泛学习、跨界学习是他们最显著的特点。

不仅如此，学习力也是自我增值最快的方式。当一个人实现了层次跃迁，这本身就是一笔很大的财富。显然，投资自己的成长与提升，能够带来不可估量的回报。

放眼古今，无论是凭智慧游说六国实现合纵连横的苏秦，还是当今在各行各业做得风生水起的企业家，他们无不是在背地里慢慢地打磨自己、淬炼自己、丰富自己。

更现实的是，越是站在高位的人，往往越需要持续学习，否则很容易从高处跌落。不管处于何种时代、处于何种环境，持续学习、不断自我精进都是每一个优秀的人必须具备的素养。

第二章
低财商思维

用体力换取报酬

无论是在田间劳作一整天的农民,还是每天用8小时换取工资的蓝领和白领,都属于主要靠劳动力换取报酬、维持生活的人群。

他们的工作内容一般都是计时或计件的,然后凭借生产出的产品或者提供的劳动换取报酬。

人的时间和精力十分有限,即使你再怎么努力付出,也只是1+1=2的过程,没有太大的拓展空间。

普通人中的大部分人都属于只靠出卖时间和体力换取报酬的人群。那些被动性的、非创造性的、靠熬时间做着简单的所谓脑力劳动工作的人,实质上出卖的也是自己的体力。

拥有这种观念也并没有错,因为我们的父辈和祖父辈都是这样过来的,好好上学、找工作然后挣工资。

可是,正是这种"稳定领工资"的思维会阻碍我们赚更多的钱。一是因为追求稳定而不再有拼搏的念头；二是习惯了稳定而渐渐失去了自我提升的意愿和能力。就像有句话讲的："我们追求稳定，所以稳定地穷着。"

大多数选择出卖体力换取固定报酬的人，其实是在追求稳定带来的安全感。比如，每月在固定的时间有一笔固定金额进账，月复一月，心里的安全感似乎就建立起来了。然而，在这个安全感的背后，却错失了更多的机会去做自己擅长的、能够积累更多财富的事情。

太希望得到安全感，其实是内心恐惧的表现。追求稳定的背后，真实的想法可能是：我很怕，根据我的表现，我可能赚得不多，所以我只要赚足生活所需或过得基本舒服就够了。

久而久之，越是害怕赚不到钱，越不敢让自己去拼、去闯、去换思路，最终把自己的时间全部廉价出售，而没有时间去学习和提升自己。为了多赚钱，就只能不停地兼职更多的工作、加更晚的班。最后，健康可能也出了问题，新的不安全感就会出现。

这时，如果不能再像以往那样出卖体力长时间工作，薪水自然就会缩水。

《富爸爸，穷爸爸》这本书里有一个故事：

一个村庄没有水，村主任就委托两个年轻人给这个村庄供水，村民向他们支付费用。

第一个年轻人叫艾德，他马上买了两只大桶，每日奔波于10公里以外的湖泊和村庄之间去取水。没过多久，艾德就赚到了钱。

另一个年轻人叫比尔，自从签订合同后他就消失了。半年后，比尔带着一个施工队和一笔投资回到了村庄。

原来，在这半年时间里，他做了商业计划，找到了投资，注册了公司，并雇用了项目施工管理的专业人员。

之后，比尔又花了一年多的时间，修建了一套从湖泊通往村庄的供水管道系统。清水从水龙头中涌出的那一瞬间，第一个年轻人的生意被彻底摧毁了，他只赚了一年半的钱，就再也不知道能干什么了。

这个故事形象地说明，千万不要只盯着自己每天可以赚多少钱，一定要做长期的规划和投入，才能获得更加长远的回报。

还有一个案例：

有些搬运工，年轻有力气，一天能赚两三百元钱。然而，他们不是天天有活干，如果一个月干15天、一天赚300元，就可以得到4500元的工资，感觉也不错。

而有个人却选择了用头脑赚钱，他先成立一家搬运公司，再利用自己的人脉搜集有搬运工作需求的公司或家庭的信息，如果有公司或者家庭需要搬运，就马上联系沟通价格，然后再回来低价请这些搬运工人帮助自己完成工作。

这样，不需要太多投入，也没费太大力气，就将这些搬运工都用上了，自己也赚了差价。

试想，如果你在一个工艺品生产行业做生意，忽然接到一笔生产2万个工艺品的订单，这时只要你打电话给供应商、订2万个工艺品，就可以满心欢喜地计算你的获利了。

而如果你是一个美容按摩师，忽然有2万个客户都来找你，你会开心吗？你只能对后面的人说"要晚一些服务你们"，或者直接无奈地对人家说自己忙不过来，让客户另选别人。

这个例子说明，无论你有多高超的技能，如果仅仅靠出卖个人的体力去换取报酬，收入终究是有限的，除非你有办法为自己制造出分身来，或者有能力放大自己的时间与精力。

对于赚钱一事，他们的忠告是，如果只是单纯靠出卖劳动力来赚钱，那就只能解决基本的温饱问题，不可能赚到大钱，更不可能发家致富。

如果你一直坚信"必须辛苦工作才能赚钱"这个观念，那么今天你就需要改变思维了：要开始让你的钱"为你辛苦工作"。

多数体力劳动者，认为自己文化程度不高，又没有实力雄厚的家庭背景，于是只能选择体力劳动。即使有人推荐他们去挑战其他更高薪水的工作，他们也不敢轻易尝试。

　　财富的积累不是仅仅靠体力就能够轻易得到的。更多的财富，是靠改变思维带来的。不改变思维，就永远会是那个靠体力赚钱的人。

　　不是说靠体力赚钱完全不对，而是当你在没有积累到可用来周转的现金，生活都快维持不了的情况下，靠体力赚钱也许是唯一的出路。

　　然而，靠体力劳动，终究会有干不动的那天。因此，要提早进行规划、千方百计从体力劳动中解放出来，这才是一种积极的思维。

不重视"钱会贬值"的概念

有句话说:"越存钱只会越穷。"当听到这句话时,或许大家以为是没有钱的人说出来的风凉话。在大多数人的认知里,存钱有利息,只会使存款变得越来越多,怎么会越存越穷呢?

其实,这里的"穷",代表的不是钱的绝对值变少了,而是购买力下降了,也就是钱贬值了。

经济学家林毅夫曾经感慨:穷人把钱存入银行,实际上是在补贴富人。因而有一个奇怪的现象:穷人喜欢到银行存款,富人喜欢到银行贷款。

很多人知道,之前5元钱能买一斤肉,现在则需要十几元、二十几元甚至更多。用与之前同数额的钱却买不来与之前相同的物品,这就是钱在贬值。

货币的价值取决于能够兑换多少物品。如果货币供应量多了,每个单位货币可以兑换成的物品就少了，物价上涨，这就是通货膨胀，反之就是通货紧缩。一个简单的表达公式为：

通货膨胀＝货币变多了，物品价格都涨了。

通货紧缩＝货币变少了，物品价格都降了。

为什么很多人明明知道钱在贬值，却依然要把所有的积蓄都放在银行里，而不敢做其他有效的投资呢？这是人的思维决定的。

面对日益上涨的物价，他们只会感叹生活成本越来越高，却没有把更多的心思放在如何应对"通货膨胀带来货币贬值"这个问题上。或者觉得通货膨胀跟自己没有多大关系，甚至以为富人的钱更多，他们损失得更多。事实果真如此吗？

在通货膨胀的影响下，任何人的财富都会缩水，包括身价百亿的富豪、中产阶级以及刚刚解决温饱问题的人。那么，这3种人中究竟是谁在通货膨胀面前更吃亏呢？举个例子，某富豪身价900亿美元，这不一定是他可支配的现金，而是投资在保值增值的资产上的财富价值，也许是他手里的股票。如果股票下跌10%，他的身价就会减少90亿美元；如果股票上涨10%，他的身价就会增加90亿美元。

在出现通货膨胀的时候，股票价格的上涨速度往往会比货币贬值的速度更快。在这个时候，很多能够保值增值的投资资产不但不会贬值，反而会增值。

另外，富人拿在手中的现金比例非常小，而受通货膨胀影响并造成贬值的主要是货币。再有，富人多数的资金是通过银行借来的，这就意味着，钱越贬值的时候，他们反而越占便宜。这说明什么呢？说明富人在通货膨胀面前基本没有损失，还有可能是赚钱的。

也许有人会认为，货币贬值的时候，劳动力就值钱了，换取的报酬就会变多。虽然这个想法没错，但是变多的只是报酬（货币），而不是购买力。

不过，如果你是身无分文的穷人，就几乎不受任何影响。因为原本你就没有财富，通货膨胀就没法让你不存在的钱贬值。

而中产阶级就不一样了，他们比穷人有钱，却没富人有钱。他们有一些资产，与富豪相比，他们的资产当中现金比例很高，一旦货币贬值，他们最吃亏。

因此，要想最大限度地规避通货膨胀带来的现金贬值，就要改变思维，不要把大量的现金存入银行，要改变资产配置的结构。

通货膨胀稀释财富，但它稀释的主要是以现金形式存储的财富。我们该如何应对呢？以其他的形式来存储财富。那么用什么形式储存财富呢？答案是购买可以保值、增值的核心资产。

举个简单例子：

有两个学历相当、收入相当的四口之家，他们都在一线城市生活。

在房价较低的时候，有一家借了一部分钱，贷款买了房；另一家觉得买房没有租房划算，就没买。

10年之后，两家的财富水平就完全不一样了。买房的人的总资产比没买房的人高出10倍之多。就因为这个小小的举动，让两家的资产结构产生了很大的差距。

贷款买房的人完全不受通货膨胀的影响，贷款部分的资金反而随着被不断地稀释，又加速了他的财富升值。在选择不同资产结构配置的一瞬间，两个家庭的差距就被拉开了。

对个人或家庭来说，财富最大的敌人就是通货膨胀。如果不会合理配置资产，就会出现货币贬值带来的资产缩水。

今天的国际金融已经离开了"金本位"货币体系，通货膨胀已经成了我们生活的常态。如果不学会利用财商思维来抵抗通货膨胀这一"最有害、最恶劣的加税"，你的财产就会缩水。

很多不想为理财伤脑筋的人总认为：把钱放在银行存定期就好了，每年既有固定的利息，又不用为理财忙东忙西，何乐而不为呢？其实，这种观念大错特错。因为每年的通货膨胀率会使得金钱的"实质购买力"明显下降，当通货膨胀率高于定存利率时，就代表金钱的价值缩水了。

个人或家庭，如果不能通过合理规划资产配置结构来抵抗通货膨胀和资产贬值对财富的侵蚀,想要实现财务自由,可能就成为空谈。

那怎么办呢?正确的路径是通过学习提升财商思维,合理配置自己的资产,让财富在安全保值的基础上增值!

在这方面,有一个非常具有代表性的案例:

有一个50多岁非常能干的安徽妇女和她的丈夫以及两个已经成年的儿子这3个小家庭组成的大家庭,一共有6套房产,其中3套是大小差不多的住房,另外3套是和住房差不多大小的店面房。

他们非常勤奋,每个小家庭各开一家便利店。这3家店,每年可以让他们分别获得20万元左右的利润,他们感到很满意。

在给他们做家庭资产结构配置个案的时候,发现从两三年前开始,他们那个城市的房地产已经开始降价。比如,他们店面房的价格每年大约缩水15万元,而且,根据房地产市场的发展趋势,还会继续下跌。

通过进一步沟通后得知,同样的店面房的租金价格已经大幅度降到了每年5万元左右。

至此,已经可以清楚地看出来,每一个店铺一年赚的20万元,被房产贬值损失掉了15万元,只剩下5万元左右的净利润。

很显然,如果把店面房卖出去,采用租房开店的方式运营,每家店每年剩下的净利润就是15万元。

由此可见,这个家庭资产结构合理配置的个案带来的价值是,每个家庭每一个店铺每年可以减少10万元的损失,10年就是100万元。

个案的价值远不止于此。如果把价值150万元左右一个的店面房出售,做保本理财或低风险的货币或债券基金的话,还可以拿到几个点的收入。

认为自己天生不会富有

你是什么样的人，取决于你平时的想法、做法、感受以及自我认知、自我评价和自我形象。

一个人如果深谙财富法则，他就能找到打开财富大门的钥匙。

做一个幸福的人还是不幸的人，做一个弱者还是强者，做一个失败的人还是成功的人，做一个富人还是穷人……从一定意义上讲，任何活法都是自己说了算，这就是我们常说的"吸引力法则"。

有的人潜意识里被深深地植入了一种天生的限制性信念，他们认为自己永远成不了富人，这个念头会让他们的行动受到影响，最后导致的结果就是真的变成了一个不富有的人。

你必须相信，你的成功由自己成就，你的平庸也是咎由自取。不管是出于自觉还是被动，你的人生状态都是由你自己经营的。

可是，穷人不为自己生命中的一切现状和结局负责，反而选择了扮演"受害者"的角色。一个受害者最主要的想法通常是：我好可怜。根据吸引力法则，受害者就会得到这个结果：他们真的会变得很"可怜"。

心想才能事成。当一个人的意念或意志力与特定的目标、毅力、获得财富的强烈渴望融为一体时，这种意念的力量才无比强大。

很多成功的人，当被问起是如何获得成功、赢得财富的时候，他们大部分会说，因为小时候家境贫困，所以才有了想改变命运的想法，而这种强烈的念头会不断地促使他们立志赚钱。最终他们就真的变成了富人。背后的根源是他们内心深处的强烈渴望和强大意念，促使他们朝着渴望的目标去努力奋斗，最后得到了想要的结果。

普通人之所以普通，还有一个原因就是其信念系统告诉自己有一种"不配得感"，觉得自己出身普通、平凡，家境又不富裕，肯定不会变成富人。就是这个限制性的信念，让他们失去了奋斗的动力，最终没有得到好的结果。

就像电视剧《上海滩》中的丁力刚出道时，冯敬尧问他："穷人最缺的是什么？"丁力说："钱，有钱可以买豪宅，还可以买大轮船、游黄浦江。"

冯敬尧说："是野心。穷人最缺的就是改变命运、成为人上人的野心。老天安排你是个穷人，如果你认命，你就会穷一辈子。"

下面，看一个故事：

印度有一个很繁华的克延比都蔬菜市场，那里的小贩每天向富人借1000卢比去进货，卖完菜以后赚回1100卢比，要还给富人1050卢比，自己只赚50卢比。

其实，这些小贩只需要每天省下5卢比，并利用复利效应，只需要56天，他们就可以不用再去向富人借钱，收入就会大幅度攀升。

虽然更多财富唾手可得，可是所有的小贩都坚持继续向富人借钱，每天付给富人50卢比利息。9年过去了，富人不用工作却越来越富，穷人辛勤工作却越来越穷。

故事中的小贩，就是典型的被穷人思维束缚的一群人。因为他们原有的意识和思维把自己限定成了"穷人"，所以也就不会生出想改变的念头。

有些人总是给自己设限，认为自己只能过一个大众水平的生活，结果就永远也不可能过上理想中的日子。其实，这种自我禁锢的思维是错误的。

如果人生还没开始就已经下了定论，那么又怎么可能有动力去奋斗呢？不奋斗，又怎么可能成功呢？更不要说过上有钱人的日子了。其实，这也是一种"心想事成"，也是符合"吸引力法则"的。

穷，本来只是暂时的，如果把自己定义成穷人，那你就会一直穷下去。现实是穷人,思想上还是穷人,思维格局就低人一等,长此以往,一辈子都是个穷人。

实际上,只要不被限制性的思维固化头脑,在看似没有出息的行业里,照样可以做出超乎想象的成绩。

"前怕狼，后怕虎"

有句话是这样说的："穷人缺什么？表面缺资金，本质缺野心，骨子里缺勇气，改变缺行动力。"因为不敢尝试，他们常说的一句话就是："万一失败了怎么办？"

普通人凡事不敢轻易尝试。其实，只要多尝试，谁都可以熟能生巧。比如，高档的地方去多了，成功人士见多了，就懂了上流社会的规则，大家就会说你见过世面。

因此，聪明与不聪明，都是概率问题。只要有机会试错，没有人会一直原地踏步，关键就卡在"前怕狼，后怕虎"。

如果说普通人没有试错的资本，其本质是没有勇气。因而就显得各种技能看起来都不行、各种机会都没有。

于是，很大一部分人就开始自我怀疑："我是不是没有别人聪明""我是不是天生就是穷命"等。这样就形成了自我否定的消极思维，这是很多人习惯性看待世界的角度。

很多人基于恐惧而做出保守的选择，他们的头脑永远在搜寻每种情况下失败或可能失败的地方。他们最主要的想法是：如果不成功怎么办？而更常出现的想法是：这样做行不通。

这样先入为主的限制性思维和信念，使他们对自己和自己的能力都缺乏信心。他们总是习惯性地看到障碍和危机而看不到机会，所以通常都不愿意去尝试、更不敢去冒险。

一个人所做出的任何行为都受内心想法的支配，思想决定感觉，感觉产生行动，行动带来结果。

很多人都想过让自己成为"富人""有钱人""实现财务自由的人"，但却只是想想而已。他们只是空想却不付诸行动，或者行动一次失败后就再也不敢继续尝试。

而成功，并不是一蹴而就的，而是在多次行动失败之后还会行动，不会裹足不前。

有一个案例：

有一次在上海举办的财富研习会快要结束的时候，主讲老师告诉听众："接下来会有一个为期三天的密集训练班在深圳举办。"

这时候，听众里面有一个小伙子起身说："我的很多朋友都参加过这个课程，效果非常好，每个人都改变了思维。要是还在上海举办，我就可以参加了，可惜要去深圳，那我就不能参加了。"

主讲老师笑着对大家说："如果两个小时的行程或三天的时间就阻挡了一个人想做事的脚步，那么未来任何事都可以拦住你。不是因为你面临的挑战大，而是因为你不敢尝试。你是要做一个会被事情拦住的人，还是做一个什么都挡不住的人，你自己选择。如果你想要创造财富或在其他事上得到成功，你就必须成为战士。你必须愿意不计代价，必须把自己'训练'成一个不会被任何事情阻挡的人。"

案例中的这个讲师，并不是在向大家灌"鸡汤"，而是讲了一种科学的人生逻辑。很多人之所以不成功、不富有，是因为其安于守贫、不愿行动。

他们大部分时间只愿意做自己感觉轻松的事，做不费脑子、不费时间和不费钱的事。而这样的事往往会让人形成一种"习惯性轻松"的思维，由于不愿去改变和突破，最后就会因为无法突破舒适区，使人生越来越困难重重。

如果一个人愿意直面挑战、敢于冒险和尝试，人生反而会变得轻松。

因此，每个人要想达到较高的人生层次，就必须突破舒适区，敢于尝试新事物，把不适的体验视为让自己变强的必经之路。

当然，突破舒适区并不是一件容易的事，尤其是习惯了轻松和舒服的状态，突然被打破，会很不适应。比如，长期待在小城市，习惯了慢节奏的人，换个快节奏的大城市，就无法适应。如果习惯了出门就能买到菜、走几步都能吃到饭，就很难再适应买菜要开车几公里，到饭店吃饭要挤几个小时地铁。

习惯，会让一个人安于自己的舒适区。久而久之，会形成一种错觉，认为眼前的一切就是整个世界。慢慢地，就会忽略人生的时间成本和机会成本。

过去三五年，外面的世界日新月异、发展飞速，新事物层出不穷。在时间的长河里，习惯了舒适区的人，不知不觉就会跟不上社会的节奏或者直接被挤出趋势性的人生赛道。

在很多情况下，人真正的成长往往是在不舒服的时候逆流而上，只有这样，才能生出更多对抗生活困难的本领。

追求舒服当然也没有错，这是人的本能。然而，如果只是以舒服之名活着，就会扼杀新思维、机会、行动和成长。

舒服可能是一剂慢性的腐蚀剂，能够把你的思维和创新意识渐渐侵蚀掉。"温水煮青蛙"说的就是这个道理。

如果一个人总是以舒服为人生目标，不愿意挑战和适应全新的环境，就很难成为有钱人。

快乐，来自我们让自己顺其自然地带着激情去追求成长、迎接挑战，并且充分发挥自我潜能。

在很多人的观念中，总是信奉"小心驶得万年船"的古训，他们相信"安全第一，稳中求胜"。只要做得稳当，哪怕发展得慢一点，也绝不冒险求赢。这的确也有道理，但这个做事原则更适合富人，富人应该求稳，而穷人求稳，只会穷得更稳定。

一个本来就没有成功过的人，为什么还要那么害怕失败呢？

机会与风险同在，一味求稳，不愿冒险尝试，就只能永远做追随者。

过度求稳与鲁莽大意同样糟糕，想要安安全全地赚钱，反而很难赚到钱，尤其很难赚到大钱。

那么，具体要怎么尝试呢？

首先，写下你对金钱和财富的忧虑和恐惧，然后向它们挑战。想一想，你害怕的是什么？一旦害怕的事情发生了，你还能生存吗？你怎么去处理这个情况呢？只有写出来才知道要面对什么，反而就敢于尝试了。

其次，练习走出自己的舒适区，故意做一些让你感到不舒服的决定。比如早起一个小时、晚上出去跑步、找老板提出增加工作职责和加薪等。

再次，静下来想想，自己是什么样的思考模式，挑战你思维中"我不行""我做不到""我不喜欢"这些念头。

最后，与自己作个约定，不管何时，只要那个声音试图阻挠你去做某件可以帮助你成功的事，你就偏要去做。要让你的心灵知道，主人是你，而不是它。

这样一来，你就可以增强自信心，那些忧虑、恐惧、畏缩、犹疑、坏念头，就会变得越来越淡薄、越来越虚弱、越来越安静。

就这样坚持不懈地、反反复复地刻意训练自己。久而久之，它们对你就起不到作用。

只顾眼前，不考虑未来

世界上有一个惊人的定律：贫困造成短视，短视又会加剧贫困。这个定律就是《贫穷的本质》一书中的观点。

作者认为，没有远见，不去思考和规划未来，就会加剧贫困；贫困反过来又会造成更严重的短视和没有远见。

这些是该书的两位作者对很多国家的贫困人群进行调查得出的结论和观点，他们通过调查人们的日常生活、健康、创业等多个方面，来探寻造成贫穷的真正根源。

大多数处于贫困状态的人，并没有远期规划，他们喜欢做一些马上就能见效的事，比如打工人会身兼数职、多打几份工来补贴家用。

这些事短期做效果很明显，长期来看很不划算，因为没有足够的时间来提升自己，也就很难成为一个领域的专家，自然也就很难获得较高的收入。

举个例子：

有个小伙子一直从事广告策划行业，经过三四次跳槽，终于爬到了一个年薪30多万元的策划经理的位置，然而他依旧过得很压抑。因为他每天都要策划各种方案，忙着投标、比稿等，处理一堆乱七八糟的事情。每个月的收入在支付了一线城市生活的必要开支之后，就所剩不多了。

财富规划师给他建议：你既然对广告策划那么感兴趣，也积累了大量实践经验，不妨做一个关于广告策划的自媒体，把经验分享给大家。这样不仅可以积累粉丝，还可以出一本书，使你在业内的地位进一步提升，然后再做成个人品牌，那样赚钱的路就会拓宽很多。

当时，小伙子也觉得这个提议好。可是，3年过去了，他还是每天奋战在做策划方案的最前线，偶尔接个私活，挣个几千块，报酬还经常被拖欠或者需要反复修改方案。

他依然过着忙忙碌碌的生活，虽然只有30多岁，却被工作折腾出了一身病，各种出差和加班让他疲惫不堪，处境并没有发生丝毫改变。

他也想过建立自己的品牌，但一想到写文章不能立刻变现，写书出版周期也不短，做自媒体粉丝涨得太慢，不如做策划，每个月有工资，还能接私活、按单收费，尽管不多，但最起码可以看到自己每天挣了多少钱……

他也知道这样下去永远都是在出卖自己的劳动力，但是他就是始终不去做长期投入的事情。

案例中，小伙子的思维就是只顾眼前，不敢想长远，更不愿意放弃眼前固定的薪水和已经习惯了的生活。

有一个美国社会学家，为了研究美国底层的普通人是否可以通过辛勤劳动摆脱贫困的命运，做了一个实验。她乔装打扮成一个普通的女工走入社会底层，和那些薪水只够解决温饱问题的一线工人生活在一起。

在接触了大量的普通低薪群体之后，她得出了一个结论：底层人想要靠辛勤劳动摆脱贫困命运的可能性非常小，因为他们已经受到自己认知水平的限制，不会轻易做出改变。

她认识一个女服务员，每天收入大约不到60美元，住的地方是租来的临时旅馆，日结大约40美元，等于每天的收入只够交房租和吃饭。

这位社会学家提醒这位女服务员，可以租一个便宜些的公寓，长租比日结便宜不少，每月就会省下一笔钱，时间久了可以用这笔钱投资自己，学习一些技术，掌握更多的知识，这样就能找到更好的工作了。女服务员却说，按月租房不但要交订金，每次还比日结交得多，不如日结划算。

实际上，这个女服务员咬咬牙是可以攒下订金和租房钱的，只是她不想改变，只满足于眼下，过一天算一天。

我们身边有很多这样的人，或者说大部分普通人都是这样的想法。打工者只顾着透支身体去挣眼下的工资，却不想改变思维、提升自己，因此就不会有更好的出路。

如果这些人选择创业，做项目只要不赚钱或亏点钱，就急忙放弃，不做长久规划，目光不长远，一旦觉得创业不行，很容易刚刚开始就选择结束。

实际上，很多时候，眼下小小的吃亏是在积累经验、酝酿时机，也是取得进步的代价，是交学费的过程。如果没有长久规划，就容易鼠目寸光，一看不到眼前的收益，就马上放弃，自然一事无成。

为什么有的人目光短浅呢？这是他们头脑中的稀缺思维造成的。我们举个例子来理解什么是"稀缺思维"。

比如，你的一项工作需要一个礼拜才能做完，而眼前只剩下两天时间了，这个时候你的头脑中就会产生"时间紧迫"的压力，就必须全力以赴去完成工作。如果这个时候有另一件事让你去处理，你就没有时间和心思，这时就陷入了时间稀缺。

稀缺感会占领人的大脑，让人没有精力去思考长期目标。同样的道理，如果一个人生活很贫困，连最基本的生活保障都没有，那么他每天头脑中只会想着如何多赚点钱，就不可能花费更多的心思去规划未来了，这就是陷入了贫困的稀缺当中。

更为现实和残酷的是,越是没有时间和精力为未来做规划,生活就越不会改变,就会一直生活在贫困中。这就成了一个恶性循环,越穷就越不思变,不思变就会更穷。

那我们就需要追根溯源了,是什么导致人们陷入稀缺思维当中呢?其实不难理解,如果你有富裕的东西或思维,就不会恐慌。比如,你的知识储备足够丰富,就不会害怕别人提出刁钻问题;如果你的工作能力强,就不害怕失业;如果你出远门,带的衣服和行李充足,就不害怕变天。

我们的大脑也是如此。如果我们的大脑思维是局限和固化的,处理问题的能力就会下降,管理情绪的能力就会变差。这就是很多穷人目光短浅、控制能力差的主要原因。

因此,要想给大脑留出空间,就要结合自己目前的处境,看看自己是否陷入了稀缺思维当中。只有意识到自己的头脑没有多余的思考空间,意识到自己的时间被大量挤占、被逼到绝路,才会有改变的可能。

那么,如何改变呢?具体的步骤是什么呢?首先就是要让大脑放空,这样才会有更好的思维产生;其次是扩大自己大脑的思维能力,定期总结和反思,坚持学习。

一个非常有效的方法是:停掉那些不重要的事情,而刻意花费一些时间和心思放在那些重要但并不紧急的事情上。

最后，要想突破自己的头脑思维，就要多和比自己强的人保持紧密接触，寻找知识渊博、有眼光、有远见的人做你的人生导师或良师益友，并紧紧跟随，让自己的思维不断更新并学习人家的长处，看他们是如何思考和看待事物的，这样会对自己有很大的帮助。

对有钱人心存偏见

有句调侃的话:"钱是王八蛋,花完我再赚。"这句话的背后折射出来的是,人们对于成功人士和金钱的一种错误态度。

若金钱代表一种能量,成功人士则代表一种积极的人生能量状态。这样的认知是非常狭隘的。

有很多人因为自己没有成为富人,就用负面的眼光和心态把有钱人看成坏人,甚至潜意识里会认为正是因为"他富了,我才变得这么穷""正是他们把钱都赚走了,我才没能赚到钱"等。

一旦有了这种受害者思维,就会主动把成功人士放在对立面,那又如何能成为一个富人呢?

这样的心态有一部分是缘于社会价值观。比如,中国传统文化流传下来的"为富不仁"的说法。

关键是,只要是由人组成的社会,就会有富人和穷人。"均贫富"只是一个美好的理想，也是一个几千年都实现不了的"乌托邦"。

无论带着偏见去看待富人，还是戴着有色眼镜去看待穷人，都是一种狭隘的认知。

有一个故事：

一位家长开着法拉利跑车去学校接孩子。其他家长觉得这个家长是在炫富，于是就向学校反映此事。学校给家长的建议是，最好开普通车来学校，以免引起孩子的攀比心理。

开法拉利车的车主非常不理解，为什么自己开豪车接送孩子就能引起别的孩子的攀比心理呢？他想，钱是自己通过合法渠道赚的，又不偷不抢，如果此事就让孩子形成攀比心理，就被认为是炫富，只能说明别的家长和孩子心理脆弱。

可是，因为车主不接受学校的建议，最后被其他家长踢出了家长群。

在现实生活中，许多人都忽略了这样一个事实，就是贫富不均的背后，是付出的代价、创造的价值、思维的习惯不同。

没有谁赚钱是容易的。财富自由的背后，是你想象不到的艰辛、坚持和坚守。

正如一首歌所唱的："不经历风雨，怎么见彩虹，没有人能随随便便成功。"在这个世界上,从来都没有谁比谁更容易,只有谁比谁更努力。

对成功和富有心存偏见,是深层的财商思维的问题。

有的人会偏狭地认为,富＝金钱。因此,就会得出"富人就是有钱人"的结论,这说明他没有站在不同的角度去看待问题,从而导致认知局限。

富代表丰裕和充足,有"多"的意思。也就是比普通大众平均水平多和充足。而这种多不单单是从金钱数量上来衡量的,而是在各个方面都很富足。

从本质上看,一个人心中无缺,才是真正的富有。那么,真正的富有体现在哪些方面呢?主要有以下6点:

第一是钱多。这个很容易理解,就是拥有很多金钱,能买到比别人更多的产品、资源等。这也就是人们常说的"有钱人",而生存质量的好坏并不是取决于钱的多少。

比如,有些人虽然拥有很多钱,但是身体状态不佳,用再多的钱也无法重新买回健康;有些人因为太有钱而走上犯罪的道路,失去了自由,赚再多的钱也没有任何意义了;有的家庭虽然很有钱,但婚姻亮起了红灯,这也不是钱多能够挽回的;有的家庭虽然很有钱,但教子无方,埋下隐患。

第二是具备扎实的技能。比如我们常见的律师、医生、工程师、设计师、会计师、演员、导演、作家、诗人等，这些人拥有的是才华，他们是精神上的富人。

第三是具备丰富的知识。拥有很多知识的人能够很容易地解决难题，还能把清晰的思路和方法传授给别人、帮助别人。

第四是拥有很多爱。如果一个人拥有很多朋友和"粉丝"，能够得到别人在感情和行动上的正面支持，这也是一种富有。这种因爱而连接的富有，更多地以人际关系资源的形式存在。

第五是拥有好身体。每个人的健康状况差别很大，可以此来评估你的身体内部组织和细微结构之间的协调程度以及生物能量对你生命的支撑强度。身体健康、生命力强健、大脑活跃的人，是生物结构与功能方面的富人。

第六是拥有富人思维和很高的财商。这是一个人创造更多财富的必要条件。

综合的富裕才能让一个人生存得更好，生命的价值实现起来才更充分。

不同方面的富裕存在互相推动的关系。人们常有个很大的错觉，总是先入为主地把金钱作为各种连锁关系的第一环节。

有一个规律，对富人抱有偏见甚至仇恨心理的人，往往很难变得富有，并且变穷的程度和他仇恨富人的程度成正比。

在金钱方面，如果认为是富人剥夺了其变富的机会，就会出现思维偏差。如果一直抱着这种偏见，就会从心理上排斥富人，就会离富人越来越远。

这就导致自己在金钱、技能、知识、爱、讯息等许多方面失去了和富人的管道连接，从而失去潜在的变富机会。

因此，要想变富，就要放下对富人的偏见，要全面地看待财富这个概念。只有这样，才会让自己跳出贫穷的思维，才会越来越接近变富的目标，这也是吸引力法则的表现形式。

不重视时间的价值，不爱学习

相信大家都听过"知识就是力量"这句话。然而，很少有人为了这个"力量"而去坚持认真学习，去分秒必争地提升自己、丰富自己。

有一位成功人士在分享他的个人经历时说，他到上海没几年就在郊区有了自己的房子，但他从来没有住过。他每次都选择在离公司最近的地方租房子住，为的是省下大量的通勤时间用来学习。

他花更多的钱租离公司更近的房子，从而腾出更多时间来学习；而有的人会选择花较少的钱、租远的房子，代价就是在路上消耗更多的时间。

这两个选择暴露了截然不同的价值观。很多拥有财富的人认为自己的时间远比金钱值钱；而大多普通人思维里则没有"一寸光阴一寸金"的概念。

一个人无论以何种方式挣钱，无论挣钱多少，都必须以付出时间为代价。有的人因为买一斤白菜多花了一毛钱而气恼不已，却不会为虚度一天而心痛，这或许就是穷人思维。

成功人士和普通人管理时间的思维完全不同。普通人总是觉得自己忙忙碌碌却出不了成绩，有空余时间时又无所事事、游手好闲，把时间浪费在没有价值的事情上。这种对待时间的态度，折射出其不爱学习的本质。

相反地，成功人士人会分秒必争，不会让大把时间白白浪费。

比如，当看到一门财商思维训练方面的课程时，普通人会说"我不需要上这个课，都是骗人的""我没有时间""我没有钱上课""我不想被操控""不用想也知道是讲什么，无非是些炒股、买基金的套路"。那些已经学会积累财富的人会说："这个课我可以去听听，哪怕学到一点东西都是值得的。"

事实上，那些用"没时间""没钱"来当借口的人，等过几年以后，依然会停留在这样的状态里，他们还是没有钱、没有时间。

每个人都有自己的知识盲区，所以都需要保持开放的心态。如果对新鲜事物都持怀疑和拒绝的态度，那只能说明这个人的认知很浅薄、很封闭。

其实，只有体验过、经历过、考察过，才会真正了解，才能避免以后被套路、被欺骗。

有一位成功人士讲过，他也有过"穷途末路"的日子，幸好得到一位富翁朋友的建议：如果你得不到自己想要的成功，说明你还是有些事情不知道，人无法赚到自己认知以外的财富。

于是，他采纳了朋友的建议，"洗心革面"、重新做人，从"假装自己什么都懂"的人变成了"什么都要学"的人。从此，他的状态逐渐发生了很大的改变。

诚然，在学习和成长的过程中，我们并不可能完全避免做出错误的选择。然而，即便做了错误的选择，也同样可以再次使用选择权，保持理性，识别有利的因素并利用它。

虽然错误的选择会增加试错成本，但试错也是一种学习。有人拒绝试错，有人只负责试错，有人既试错也享有自己试错的收益，有人试错了却让他人享有收益，有人不仅试错还享有自己和他人试错的收益。

要想成长，就要面对现实世界的随机性、不确定性和混沌性，犯错误是自然的，试错也是难免的。

试错对应的是成长型思维，而不是固定型思维。拥有成长型思维的人，通过练习、反思和坚持，将每一次挫折、每一次意外事件，都作为催发进步的动力，从而培养出新的应变能力，重新振作并超越自我进而实现创伤后的成长。

而拥有固定型思维的人，认为每个人只有固定的才智与能力，害怕犯错、回避尝试，从而踟蹰不前。

其实，所有的错误都有价值。正所谓："失败乃成功之母。"因为通过错误，我们可以越来越清楚，哪些方法是无用的、哪些途径是不通的。因此，试错也是每个组织、每个人进步和发展的有效方法。

比如，有人创业寻求合作伙伴时，要求对方最好曾在多个领域工作过，最好曾多次在不同领域失败过，并依旧能够保持坚韧的热情。他们认为，没有经历过失败的人，怎么能够沉稳地应对未来可能的失败呢？

要想变成富人，就要坚持不懈地学习、经历、体验。人生的厚度和意义，来自经历和体验。成功是一种可以学来的结果，你可以通过持续的学习和刻意的训练来让自己获得成功。在大多数专业领域，你都可以把自己训练成一个成功者。比如，你可以学习成为一名厉害的高尔夫球选手，你也可以学习成为一位优秀的钢琴家。

如果你想要变得有钱，也可以刻意地学着做到，比如学习各种增加收入、资产配置、管理金钱、风险控制和有效投资的技巧和策略。

不管你现在处于人生的哪一个阶段，也不管从什么时候开始，要想成功，最重要的是你愿意坚持不懈地学习、持之以恒地努力。学习，是让人生和时间增值的最佳途径。

谨小慎微，不愿意折腾

为什么大部分普通人都不太愿意折腾呢？主要原因还是谨慎。普通人认为自己没有太多的试错本钱，所以保守、求稳成了他们的第一要务。

普通人总是想，自己的家底就那么一点儿，禁不起折腾。富人赔了，也不会马上变穷人，可是自己要是赔了，就只会变得更穷了。

普通人的谨慎思维会扩大到他们的处事方式当中，成为一种生活模式。他们每天想的是如何能减少损失、怎样才能省钱，不管钱的数目有多少，也不管会因此损失什么。

过度谨慎用在财富积累方面是一种消极的心态，只想着如何省钱，而不想着怎么挣钱，也不想着让钱增值。

对于普通人来说，适当的谨慎不是坏事。但如果过度谨慎、怀疑一切、前怕狼后怕虎，就会错失许多机会，以致最后无法翻身。

从来没有成功过的人，失败的代价会有多大呢？还需要怕什么失败呢？如果一个人能够穷则思变，没准儿就"柳暗花明又一村"了呢！

普通人需要折腾，但不要瞎折腾，而是要有智慧地折腾。通过学习，提升自己折腾的水平，或者要跟对人、做对事。

关于谨慎，有人或许会说，富人也很谨慎。的确，富人的谨慎重在思考与评估，在于学习、考察、钻研、识别和采用专业的手段、流程与标准去论证。富人懂得什么该放弃、什么该抓住。这是以坚持学习积累的智慧、眼光和洞见为基础的。

谨慎使他们永远保持清醒，并且善于等待，一旦机遇真正来临，他们就果断出手。显然，他们也是敢拼、敢折腾的。

有一位富人企业家，他最初也是普通人，他的财富积累是从21世纪初购买房地产开始的。

当他决定购买一套房产作为投资资产时，先是花2000多元买了一个专门讲房地产投资的课程。当时，他也想拉着自己的好朋友一起来学习，对方却嫌学费贵拒绝了。

上了5节课以后，他头脑中有了对房地产市场的基本认知。之后，他又花了6个月的时间，去考察了所有可以购买的项目。他去考察各个楼盘的时候，也想约那个朋友一起，可是朋友却以加班为由拒绝了。

6个月后，他终于找到一个合适的投资目标。于是花18000元开始了他的第一个房地产投资项目。他坚信这个投资能赚钱，所以也鼓动那个朋友一起买。可是，朋友说自己家仅有不到5万元的积蓄，不敢轻易投资，于是就没有参与。

结果，他签约的那套房2个月后就售罄并且升值了。他立即转手卖给了别人，一下子就赚了2万元。他尝到了甜头，把刚赚到手的钱又投到了另外2套房产上，交了预付款，签了购房合同。

过了一年，他投资的房产又增值了。就这样，经过一来二去地折腾，赚到了不少利润。他又把利润反复投在购买新的房地产上，继续折腾。很快地，他就积累了第一桶金。

后来，他用赚到的利润做投资，开始当二房东，做起了房屋租赁的生意。

他就这样一步一步仔细规划，后来成了一位有钱的企业家。8年以后，他的那个朋友才后悔当初没有跟着他一起折腾，不然他就会同样抓住了那一波房地产的红利。

这样的成功案例非常多。20世纪末和21世纪初，中国有太多的人，像温州炒房团的那些投资人一样，赚到了大钱。上面这个富人，正是赶上了房地产最火热的时期，踏准了节奏，成了成功的投资人。

可见，每一个普通人都有可能逆袭人生。然而，这需要学习，需要审时度势、看准形势，才能成功。

同时，人生禁不起瞎折腾，因为每个人的时间和精力都是有限的。因此，需要坚持不懈地学习和钻研。折腾，也是一门学问！

总之，当你把所有的精力和时间都专注于一件事上并坚持不懈地积累自己实力的时候，你就可以将这件事做到极致。

我们都听说过1万小时定律。我们需要做的就是在坚持学习的同时，不断去重复已经认定的那件事直到成功。

第三章
高财商思维

真正的富有，是思维上的富有

人的潜力往往来自思想上的解放，思想解放带来生产力的解放。有钱人往往在思想上、精神上都比别人强大；而普通人，在精神和思想上则不如富人。

富人很多是靠思维、观念和思想而变得富有的。

那些通过投资创富的人身上，是否真的具备一些独特的思维和品质呢？他们和普通人的区别在哪里呢？这需要进一步探讨和分析。

富人有哪些值得我们学习的典型思维呢？

1. 利他思维

利他被人们无数次谈起，真正的利他思维是怎样的呢？就是既考虑自己也考虑他人，最后达到双赢的局面。

比如，当年被誉为"红顶商人"的胡雪岩能富甲一方的原因之一就是他一直在帮助别人。尤其当别人有困难的时候，他总是伸出援手、慷慨解囊。因此，他的财路也越来越广。

利他思维成就了历史上著名的富商胡雪岩。只有愿意为别人撑伞的人，自己遇到风雨时才有人帮，才能拥有真正的财富。

2. 分享思维

有一种理论叫"钱散人聚，财聚人散"，意思是要有分享和舍得的思维。如果有的人总是把钱财看得太重，绝不吃一点点亏，那可能会赚一些钱却不会有很好的人脉和威望，这种财富也不可能维持长久。

还有一种人是能够在自己赚钱的同时也带领别人一起赚钱，进而实现多赢。

独占使人越赢越少，分享使人越赢越多。"精明人"挣小钱，"聪明人"赚大钱，"智慧人"一起赚钱。

如果在为人处世中没有分享思维，处处提防、保守，就很容易让自己陷入孤立无援的境地。退一步讲，即使侥幸赚了一些钱，距离富贵也很远。

3. 时间思维

时间对每个人都是公平的，每天24小时。有的人在这24小时中能够赚成百上千万元，有的人却只能获得几十元、几百元。

富人明白时间的价值远大于金钱的价值，因而他们会把有限的时间进行无限的利用，争分夺秒地与时间赛跑，从来不会去做明显浪费时间的事。

比如，富人不会为了一件衣服浪费一下午，去对比价格、评价、买家秀。他们更愿意省下时间，用来学习相关领域的知识、结交更有能力的人、筹划更重要的事，因为他们懂得时间是人生的价值成本。

4. 金钱服务人的思维

有格局的富人赚取金钱的目的是实现自己的人生价值，为社会做贡献，为了让自己的生活更舒适和对喜欢的事物有更多的选择权，他们不会被金钱牵着鼻子走。

在富人眼里，金钱并不是他们所追求的唯一目标，他们有着更重要的理想和自我价值。他们只把财富的积累当成实现自我理想和价值的方式或媒介，而不是人生的全部追求。

俗话说：当我们把钱看作"物"的时候，我们就是"人"；当我们把钱看作"上帝"的时候，我们就成了"物"。

5. 感恩思维

财富是一种能量，这种能量存在于整个宇宙之中，不单单属于某个人，就像我们老祖宗说的那样：钱是身外之物，生不带来死不带去。即使这一生赚足了财富，也无法永恒地占有这些财富。

很多富人会感恩社会、感恩国家，并用自己创造的价值去回馈社会，他们做慈善事业，去帮助更多需要帮助的人。

因此，普通人与其天天思考如何变富，不如先思考如何拥有富人的思维。虽然他人的成功路径不可复制，但他人的智慧和思维是可以学习和借鉴的。

赚取财富靠思维

一个人是否能够快速致富,并不取决于其学历的高低和是否足够勤奋,更多的决定因素来自会不会正确有效地思考。

财富,包括物质财富和精神财富、有形财富和无形财富。比如,智慧、眼光、洞见、财商是精神财富。在这个世界上,精神财富能够转化成物质财富,无形财富可以显化为有形财富。

据说,在某个民族,最受人尊重的职业不是商人、律师、医生,而是教师。在他们眼中,教师是传播知识、带给人智慧的人。

如果要给财富排序,装满知识和智慧的大脑应该排在第一。大多数富人的财富往往来自大脑中的思维,而不是体力。

多年以前,这个民族遭受了巨大的灾难,身外的财富经常被抢夺。

然而,他们遵循一条原则:只有装在脑子里的财富才是别人拿不走的,除非没有了生命。只要活着,装在头脑里的财富使他们无论走到哪里，都能转化为外在的物质财富。

勤奋，也是做生意赚取财富的一个必要条件。但拥有勤奋，并不等于生意上一切的问题都能迎刃而解，更不等于能够赚大钱。

为什么这个民族的人并不忙碌，却颇为富有呢？因为他们知道，做生意赚大钱的关键，并不在于自己比别人更勤奋，而是要让知识和各种资源得到最有效地配置和运用。体力劳动人人都能做，很容易被取代。而且，体力劳动并没有太大的技术含量，不需要太高的知识水平，只需要能够提供体力。

脑力劳动者则不同，他们需要更高的知识水平、道德修养和多年的专业学习或训练。用脑力赚钱的人，要有与众不同的思维能力。

乔治·哈姆雷特曾在伊利诺伊州的退伍军人医院疗养。他的时间很充裕，但是除了读书和思考之外，能做的事情并不多。

他懂得思考的价值，对自己充满信心。乔治发现，很多洗衣店在烫好的衬衣领上加一张硬纸板，以防止其变形。

于是，他就写了几封信向厂商洽询，得知这种硬纸板的价格是每千张4美元。他很快想到，在硬纸板上加印广告，再以每千张4美元以下的低价卖给洗衣店，他主要赚取广告的利润。

乔治出院后，立刻着手实施。但计划推出后，乔治发现客户取回干净的衬衫后，就把衣领的纸板丢弃了。他问自己："如何让客户保留这些纸板和上面的广告呢？"很快地，答案闪过他的脑际。

他在纸板的正面印上彩色或黑白的广告，在背面则加上一些新的东西——孩子的着色游戏、主妇的美味食谱或全家一起玩的游戏。

后来，有一位丈夫抱怨说，家里支付给洗衣店的费用怎么激增了？结果，他发现妻子竟然为了搜集乔治的食谱，把可以再穿一天的衬衫提前送去洗！可见乔治的生意做得多么成功！

然而，乔治并未自满，他野心勃勃，要让自己的事业更上一层楼。他把内容丰富且经济实惠的纸板寄给美国洗衣工会，工会便推荐所有的会员采用他的纸板。就这样，乔治在小小的纸板上赚足了钱！

富人思维，看似玄妙；发财致富，看似艰难，其实都有法可循。然而，如果没有积极的思考，那就是无稽之谈。"思考致富"是成功学大师拿破仑·希尔在同名畅销书中提出的观点。

拿破仑·希尔认为，要想成为富人，就必须坚持不懈地学习，并不断地开阔眼界，以培养灵感的火花和强大的思考能力。

很明显，"思考致富"是一种典型的富人思维！要想成为富人，要想致富，就要投资学习，培养自己的思考力！

以智汇友，拓展人脉资源

在积累财富的过程中，广泛的人际关系是一种重要的资源。

我们每个人都是社会性的动物，不管做什么事，基本都会跟别人发生连接。富人之所以能够积累财富，缘于他们对于人脉的重视和持续拓展，从而与他人产生连接、交互。他们甚至会把更多的时间花在人脉的经营上。

在美国有一个广为流传的观念：你认识什么人，比你拥有什么知识更加重要。即使在哈佛商学院这样的顶尖学府，人脉的价值也是精英们心照不宣的课题。

在当今社会，大多数人都有自己独特的技能和爱好，并在专业领域有其独特的一面。在人际互动的过程中，人们通过不断沟通和交流，与别人进行思想碰撞、融合，从而不断提升自己，这也是一个能力提高的过程。

富人更喜欢去寻找和发现那些对自己有引领价值的能人、贵人和高人，并倾心相交。这是因为富人深知个体的力量是有限的，特别在当今社会，要想保持自己的财富，就要善于借助他人的力量。

在富人看来，自身有不足和缺陷并不可怕，只要能找到可以弥补自身不足和缺陷的人，就可以事半功倍。

相反，不善于借力的人，即便个人能力十分出众，仅靠单打独斗，也很难成为真正的有钱人。

有一个段子：

李嘉诚的司机给李嘉诚开了30多年车，准备退休。李嘉诚看他兢兢业业干了这么多年，拿了200万元支票给他。司机说："不用了，我一两千万还是拿得出来的。"

李嘉诚很诧异地问："你每个月只有五六千元收入，怎么能存下这么多！"司机回答说："我在开车的时候，您在后面打电话说买哪个地方的地皮能升值，我都会去想办法买一点，您说要买哪只股票的时候，我也会去想办法买一点。到现在，我已经有一两千万的资产了。"

哈佛大学的辍学生比尔·盖茨，在创业之初就懂得利用自己身边的人脉资源。因为比尔·盖茨的母亲是IBM的董事，所以比尔·盖茨在20

岁时就签到了第一份合约，钓到了 IBM 这条"大鱼"。

在微软创立初期，比尔·盖茨继续充分利用合作伙伴的人脉资源。他的合伙人保罗·艾伦和史蒂芬·埃洛普不仅为微软贡献了他们的聪明才智，也贡献了他们的人脉资源。

陈永泰是台湾的富豪，他说：聪明人都是通过别人的力量去达成自己的目标。学会如何利用人际关系，是每个想致富的人都应该掌握的一门必不可少的学问。

新东方学校的创始人俞敏洪说：你要想知道自己今天究竟值多少钱，你就找出身边最要好的 3 个朋友，他们收入的平均值就是你应该获得的收入。这句话确实很有道理。我们和身边的人都是互相影响的，这种影响包括许多方面：能力、人际关系、上进心、态度、眼光、机会、信息等。

有一句话说：30 岁之前靠打拼，30 岁之后靠人脉。想成为有钱人的朋友，从现在开始，就要重视人脉资源。

到底什么才是真正的人脉呢？首先，真正的人脉不取决于你认识多少人，而是有多少人认识你，并且认可你。

其次，真正的人脉不是单方面建立的。每个人的生命都是有限的，应该把宝贵的精力花在有用的地方。如果我们自身价值不大的话，人脉就发挥不了作用。如果你没有价值，别人看不到你身上的亮点，就不会主动靠近你。

其实，很多社交是无效的，虽然留了别人电话，却在需要帮助的时候，发现对方都不知道你是谁，甚至被拉黑。

因此，与其绞尽脑汁地去讨好别人、挤进与你格格不入的圈子，不如花时间去提升自己，只有优秀的人，才能得到有用的社交！我们需要学会开拓自己的价值资源，并借以向上社交。普通人要想办法站在富人圈里，富人要想办法站在强人圈里。

有价值的人际关系，不是追求来的，而是吸引来的。在人际关系中，只有等价的交换，才能得到合理的对接。人脉的实质，其实就是自身价值的投影。虽然这听起来很势利、很薄情、很冷酷，却是事实。

有的人每天的大部分时间都是和朋友在一起，美其名曰：交朋友，处关系。为了朋友，常常忽略家人，与家人在一起的时间少之又少。

刚开始，他身边的确有一群朋友围着、跟着，在他心里，朋友就是一切。到后来，他发现和他处得还可以的人渐渐地都离去了。为什么呢？其主要原因是当自己止步不前的时候，别人的事业越做越好，除了没有充足的时间外，恐怕就是人家觉得也没有与你继续交往的必要了。

说得俗一点，人脉的基础是你的被利用价值。你的被利用价值越大，别人就越会帮你。如果你还不能够为别人提供价值，与其把时间花在多认识人上面，不如花时间提高自己的个人价值。

因此，在你还没有足够强大、足够优秀时，要多花点时间读书、学习、提高专业技能。放弃那些无用的社交，只有提升自己，你的世界才能变得更大！

有一条关于经营人脉的法则，就是要扭转"以多寡论英雄"的人脉观，"认识的人多"并不等于"人际关系广"。

真正的人脉不在别人身上，而在自己身上。唯有让自己变得强大，才能获得有价值的人脉！

用钱赚钱

"股神"巴菲特曾说过,一生能够积累多少财富,并不取决于你能够赚多少钱,而取决于你是否会理财,要让钱为你工作,而不是你为钱工作。

富人把钱当成工具,用钱赚钱。普通人通过打工赚钱,然后把赚到的钱消费掉或存起来,再继续为钱工作,慢慢进入驴拉磨的模式。

大多数富人在事业起步的时候,也需要艰苦地打工,适度消费,生活节俭,然后用节省下来的钱去帮自己赚钱,从而进入滚雪球式的良性循环……这就是利用复利思维,积累原始创业资本的基础。

富人善于把自己的积蓄、收入和负债有效地转化为可以创造收益的资产,通过盘活资产再次产生收益。然后再用收益去支付生活开支。通过这种方式,资产积累的速度比一边挣一边花要快很多。

那么,富人实现让钱生钱的前提是什么呢?

第一，他们会投资学习，一旦他们有了基础资金，就会投资自己的大脑。

无论是李嘉诚还是巴菲特，无论是查理·芒格还是扎克伯格，他们有一个共同点就是持续地读书、看报和学习。一方面可以学习专业的投资和理财知识，另一方面还可以掌握经济市场的风云变幻，以此来适时抓住赚钱的机会。

投资学习本身就是在让钱生钱，把学到的东西消化掉，然后变成帮助自己和别人解决问题的工具。比如，花钱买书，通过反复学习书里的知识和技能，将其运用到自己当下的工作中，把工作做得更好，就会赚到更多的钱。

一般情况下，一个从来不学习的文盲发不了财，一个手上没技能、肚子里没"货"的人也发不了财，而手上的技能、肚子里的"货"都是通过学习得来的。

互联网普及以后，信息透明度越来越高，学习成本越来越低。很多付费学习的圈子，只需花几百甚至几十块就能进入，以此连接优质的人脉资源、拓宽自己的眼界、发现有价值的机会，这就是在用钱生钱。

第二，富人善于玩现金游戏，钱的滚动速度越快，钱生钱的速度就越快。

大多数普通人把辛辛苦苦挣的钱存到银行里，利息低得可怜。银行把这些钱通过贷款、信用卡、保险等方式流出，对于银行来说，这些钱随时都在流动、增值。那些存钱的普通人就是它们的赚钱工具。他们把自己的钱放在银行，让银行拿去赚钱。

富人则不同，他们会运用投资工具赚钱，比如投资股票、期货、外汇、古董、股权、房产、创办公司等，他们能让自己手里的现金24小时滚动，这是富人擅长的金钱游戏。

第三，富人懂得有效地运用金融杠杆和金融工具，为自己创造财富。

在中国房地产热的那些年，通过炒房赚了大钱的人们，无一例外的都是利用了大量贷款和非常高的杠杆。

钱生钱的游戏，实质上就是金融游戏，通过运用金融的手段、工具和渠道，让自己手中的金钱增值。几乎所有赚了大钱的人，都懂得运用金融工具。

总之，想快速赚钱，不需要知道很多方法，只需要投资学习，理解了钱的实质、运行的法则，赚钱就并不难。

把握别人看不到的机遇

人们常说,机会总是垂青有准备的人。富人能看到别人看不到的机遇。

想要变得富有,就得事先下足功夫,不仅要提前关注市场经济的变化趋势,还要了解自己所在的行业,并用敏锐的眼光从五花八门的信息中挖掘出或者捕捉到有用的信息,从而抓住赚钱的机遇。

商机是可遇也可求的。只有比他人抢先一步发现机遇、抓住机遇,才能踏上致富的道路,比如,做生意,一定要讲究时间和空间。总有人在抱怨自己没有钱,不知道怎么去发现好的生意,不知道去哪里找寻好的商机。其实,商机无处不在,只要你有心、留心。财商高的人一般是先有目标,再去考虑资源和路径。财商高的人目标明确,不会被眼前的困难吓倒。没人,可以请;没钱,可以筹集;没资源,可以挖掘;有限制,可以选择规避;有对手,可以合作;有敌人,可以绕过。为了取得成功,他们相信,办法都是可以想出来的,这就是财商高的人的思维。

而同样的机遇如果摆在另一些人面前，情况就大不一样，什么东西都能成为拦住他们做事的理由。而且，在很多人眼里，世界充满危机。财商高的人恰恰相反，他们搞懂了目标与资源之间的逻辑关系，勇敢地一步步去尝试，最后就成功了。即使暂时不成功，在每次试错后也会获得下次能够做得更好的经验，这本身也是一种财富。

任何时候，财商高的人都处于正在做事的状态，一边做一边解决问题。他们认为办法总会有的，只要他们认为是对的事情，就会积极去做，最后借力的能力得到了充分的锻炼，也就撬动了很大的资源。

财商高的人善假于物，会让更多本不属于自己的钱、资源、人脉、核心技术等要素为自己所用。最后形成一个"想法—行动—认知—结果—收获—想法"的反馈系统，这个系统就能帮助富人看到别人看不到的机遇。

根据这样的思维与行为模式，财商高的人首先把目标定为起点，然后去找资源、做评估，最后投入最小的金钱和精力开发出体现核心价值的产品或服务。当产品得到用户认可后，他们就把控局势，在不断地反馈和循环中改进和测试产品，快速做出调整和改变、迭代优化产品、挖掘用户需求，从而实现目标，成功地创造财富。富人的创业思路大部分都是如此。他们坚持精益求精，小步快跑、快速迭代。比如，先用最低的成本，投入一个简单到不能再简单的产品，这个产品只有一个最核心的功能，然后看看市场对这个产品的反应。如果反应好，就继续投入精力和金钱来改善，循环往复。

如果最初的简陋版产品大家不买单，就果断放弃。起步的时候，只有用这种低成本的试错方式，才能使企业像开车一样，随时可以停下来，而不像发射火箭那样，只要发射出去就无法掌控。同时，也能达到"船小好掉头"的灵活境界，时刻抓住市场的机遇，进行下一轮试错，或在不断地试错中逐步积累好的经验，让自己的能力突飞猛进。

如果用两个字描述精益，那就是试错。四个字呢？那就是快速试错。七个字呢？即低成本快速试错。

只要不快，一定就是高成本的，因为时间本身就是成本，这其实就是富人发现机遇的奥秘。只有试错才知道合不合适，一旦试错成功了，就等于抓住了机遇。

穷人最大的问题在于没有勇气试错，认为一次失败就会万劫不复。所以凡事小心翼翼。这就导致了一个问题，穷人不敢尝试、不敢轻易冒险，即使来了机会，也不会放弃原有的利益去迎接挑战。

不过，试错并不是在错误的道路上试来试去，而是在未知的道路上验证其可行性。通过做A，发现B，转行后发现B也不行，再次发现C……最后，终会发现在D、E、F中有可以挣钱的门路。至此，试错结束，踏入正轨。

这个时代，敢于试错，是一种勇气，也是一种稀缺的能力，更是获得机遇的思维方式。我们没必要对试错胆战心惊，只有勇于试错，才能够把握住更多的机遇。

勇于冒险和迎接挑战

人的梦想是推动社会发展的一个重要因素，人类就是因为有了改变现状的雄心，才会不断发明创造，不断提高生活的质量。

实现了财富自由的人最初也和大多数普通人一样，但他们勇于冒险、敢于挑战和打破常规，他们不仅有想要成功的雄心，还能坚持不懈地为之奋斗。

普通人通常认为平平淡淡才是福，安于现状；富人则敢于向困难发起挑战，并为自己制定的目标不断奋斗，最终赢得成功的人生。

普通人常常鼓不起勇气，即便好不容易鼓起勇气了，也经常会在遇到困难的时候，心理承受不了，从而选择逃避或放弃。

没有稳赚不赔的财富机会，风险往往都伴随着收益。

虽然创业有风险，但大多数亿万富豪都是冒着风险创业的企业家。

敢于面对风险，显然是富人的一种重要素质。

石油大亨约翰·洛克菲勒的发家史，跟他具备的冒险精神分不开。

19世纪80年代，美国的石油资源一直掌控在洛克菲勒手中。这不仅得益于他从父亲那里学到的经商哲学，还得益于从母亲那里得来的精细、诚实守信和一丝不苟的品德。当然更重要的是，他在长期的创业实践中锻炼出的机遇预见能力和冒险精神。

1859年，美国出现了第一口油井。不到20岁的洛克菲勒预见到了石油产业的前景。

数年后，当安德鲁斯·克拉克公司拍卖股权时，他展现出不同凡响的冒险胆识，每次出价都比对手高，而且当叫价达到5万美元，已经远远超出石油公司的实际价格时，他仍然一直加价，直到战胜对手。最终的成交价格是7.25万美元，那一年，洛克菲勒只有26岁。

经营石油生意对他来说十分冒险，但靠着灵活、诚信、大胆的经营策略，他所领导的标准石油公司最终在激烈的市场竞争中脱颖而出，控制着全美出售的冶炼石油总量的90%！

"石油大王"洛克菲勒并没有停止冒险。19世纪80年代，利马有一处大油田被探测队发现。可是，由于这个油田出产的石油含碳量太高，其价格只能卖到每桶15美分。

得知这件事以后，洛克菲勒坚持要购下这一油田，因为他相信很快可以找到提炼的方法。

毫无疑问,全体董事会对他这一决定是十分反对的,可是最后所有人都屈服在了他的"强威"和"蛮横"之下。

果然,在不到两年的时间里,提炼石油的方法就被洛克菲勒找到了,这使得油价一下子从每桶15美分涨到了1美元。凭借着油田的巨大收益,标准石油公司在利马建起了世界上最大的炼油厂。

公司的利润在极短时间内猛增了几亿美元。这时,董事会成员不得不承认,还是洛克菲勒看得远,并且具有更强烈的冒险精神。

在任何行业,如果把所有风险都消除掉,自然也就把所有潜在的机会都丢掉了。

很多富豪都有着强烈的冒险天性。他们认为,有冒险才有机会;有风险,事业才变得有趣。

甚至可以说,如果一个机会没有伴随着风险,那它通常不值得花心力去试。在他们的企业和个人生活中,冒险已成了成功的代名词。

富人对赚钱的热情和期望远远大于普通人。他们对巨大回报的狂热期待是他们的生命特质,具备这些特质的人常常就会成为富人。

富人对于冒险的狂热,实际上是出于他们对可能获得的回报的巨大的预期和强烈的信念,这也是他们敢于冒险最重要的动力。

专注于目标,并持之以恒

很多人难以成功的一个重要原因是想法太多、目标太多。今天想开一个饭店,明天想经营农场;看电商火了,就想着去开超市;看网购火了,就想着开网店;看微商火了,就赶紧去朋友圈卖化妆品!一天的想法可以生出 300 种,而能静心实施的却没有一个。这些人做事都是凭一时兴起,这如何能够致富、能够成功呢?

我们身边总有这样的人,尽管并不富有,却喜欢去尝试新的事物,但是从来不能沉下心来在一件事上持之以恒地努力。

挖 10 口 5 米深的井,每一个都挖不到水,但如果把精力用在挖一口井上,只需要挖 10 米就可以挖到水了,这就是在同一个方向上深耕的重要性。

那些成功的人、在自己的领域做出成绩的人,往往是能够认准一个自己擅长的领域并持之以恒、全力以赴的人。因为在他们的思维中,每个人的时间都是有限的,如果在短时间内设定太多目标,就容易分散精力,最后反而什么事都做不成。

专注力已经成为这个时代非常稀缺的心理资源之一。缺乏专注力的人往往精神涣散,最终很难取得成功,而成功的精英往往都是具备专注力的人。

缺少了专注力,人们便无法在工作和学习中进入专心致志、浑然忘我的状态,更加体验不到专注的乐趣和充实感。

专注力的缺失还会让人们变得十分浮躁,做事急于求成、三分钟热度、三天打鱼两天晒网,不能持续地专注于一个目标,遇到一点点挫折就轻言放弃,让自己距离成功越来越远。

在日本有一个神话级的人物小野二郎,被称为"寿司之神"。这个人的成功就得益于其强大的专注力,他专注做了一辈子寿司。

他9岁时就离开家自谋生路,年幼的他从学徒做起,专注于制作世界上最好吃的寿司。

他把这件事做到了极致,曾连续两年荣登《米其林指南》,获得三颗星的最高评价。

像小野二郎这样的人才是值得大家学习的榜样,专注力让他变得与众不同,让他能够从人群中脱颖而出,从而获得社会各界的认可,也拥有了普通人不能获得的财富。

只有专注于某件事，才能让身心放松，不能专注的人，做事反而会很累，也不容易成功。专注和放松，正如硬币的正反面，如影随形。

巴菲特做事也非常专注，他会把80%的时间用在读书、学习和思考上。

有人这样总结巴菲特的专注：除了商业活动外，他几乎对其他一切如艺术、文学、科学、旅行、建筑等全都充耳不闻。因此，他能够专心致志地追寻自己的梦想。

无论是谁，只要有了明确的奋斗目标，心无旁骛地去追求，专心致志地去践行，分解目标，逐步实施，矢志不渝，就一定能书写辉煌的人生。

人生的目标就像心中的房子，为了建设心中的房子，毕生都要认真、专注地准备各种材料。达成目标最重要的是知识的积累、智慧的积淀、经验的积聚和意志的磨炼。

每一个成功的人，都是先专注地在一个领域取得成功后再去拓展更宽的领域。如果在自己擅长的领域都不能取得成功，又拿什么去和其他人竞争呢？用自己的短板与别人的长处作对比，无疑会让你离成功越来越远。

因此，有了目标就应当付诸行动、专注地实施，并持之以恒，这是我们要学习的富人思维和财商思维。

坚持不懈地学习和成长

众所周知，大部分财商高的人都是学习的高手。他们在创造财富的道路上，会持续不断地保持思维活跃。只有这样，才能不断提高自己的认知。

当今世界，经济发展日新月异，只有不断学习，才能知道如何管理自己的金钱、如何让投资增值、如何让钱为自己工作、如何增加自己的收入等。这些能力和智慧都不是凭空而来的，需要建立在坚持不懈地学习、持续扩大自己的知识面，并由此形成系统认知的基础上。

俗话说："穷不学，穷不尽。富不学，富不长。"纵观古今中外，那些主动且持续学习的人都取得了成功。

这个时代变化太快，只有步入社会才会发现，在课堂上学习到的知识远远不够，不可能让我们用一辈子。学习，是人一生的事，无论有多忙，一定要抽出时间学习，否则就很容易被社会淘汰。

有人形容不学习的人，就像看似活着，其实已经"死了"。也就是说，如果一个人不再接受新信息、新挑战，其生命的社会属性就已经停止了。

如果只是依赖存量知识，就会像炉子里的火，慢慢熄灭。就像商业哲学家吉米·罗恩所说的，如果你继续做从以前到现在一直在做的事，你就会继续得到你一直以来所得到的东西。

在这个瞬息万变的时代，一个人如果不能坚持学习，就会被淘汰出局。最终你是"谁"，完全是通过学习和训练达成的。

如果你想让自己成长为一个成功的人，首先要拥有健康的性格和心智，才会在你所做的任何事上都容易取得成功，才会有力量做出清楚的决定，有能力选择你想要的工作、事业或投资领域，而且大概率会成功。

在今天，做同样一件事，对于爱学习的人，是机会；而对于不爱学习的人，可能就是陷阱。

比如，很多人买股票，有的是因为别人推荐，有的是因为看到了短暂的牛市中的机会，还有的只是随波逐流……很少有人会看公司的年报，尤其是财务报表，他们甚至连市盈率都不懂。

因此，虽然股票算是一种投资资产，但对于大部分人来说，炒股并不是投资，而是赌博。对于爱学习的打工者来说，每一份工作都是学习的机会。当你寻找工作时，首先，要看自己能从中学到什么、获得什么成长,而不是只看老板给多少钱;其次,要经常问自己这样一个问题:从每天的忙碌中能够学到什么?所以,要想成功,就要有一个长远规划的眼光。

因此,在你并不富裕时,不妨把自己打造成为一个好的学习者,让自己从知识上先"富"起来,然后再慢慢规划你的财富人生。

第四章
唤醒财商,人人都能获得成功

创造财富，从强大的信念开始

人们发现，"相信的力量"非常强大。当一个人相信一件事情能成，他的潜意识就会调动生命中的各种原动力，去积极促成这件事。

相信，是人的一种内在信念，一个人内在想什么，他的外在就会显现什么。从另一个角度看，思想决定行动，行动产生结果，这就是因果法则，也是吸引力法则。

如果一个人总在思考痛苦、悲伤、疾病和不幸，就会陷入充满痛苦、悲伤、疾病和不幸的人生。相反，如果内在充满喜悦、健康、富有和幸福，就会有助于他过上充满喜悦、健康、富有和幸福的人生。

如果生活是一艘船舰或一辆列车，那么，每个人都是自己生活的舵手或司机。显然，人可以把握自己生活的方向，将它开向任何想去的地方，只需要内心有明确的目标和强大的信念。

一个人内心坚定的目标和信念，决定了他成长和发展的方向；深谙财富法则的人，才能找到打开财富大门的钥匙。

财富是自然对人类的慷慨给予，要学会运用自然的吸引力法则，让自身具备足够的能量，财富才会与我们同频共振并被我们吸引。一个人相信什么，就会吸引什么。

心里有了坚定的目标，就会体现在行动上。这就是我们常说的"思维是行为的种子，行为是种子的根苗，成功是行为的果实"。

哈佛大学曾在毕业生中做过一项调查，发现27%的人没有目标，60%的人目标模糊，10%的人有清晰但比较短期的目标，剩下3%的人有清晰而长远的目标。

这个世界上，大多数人目标模糊。比如，虽然很多人想赚钱，但不清楚要赚多少钱，只是认为赚得越多越好。有人想在未来三年买套房子，却不知道要买多大的房子，也不知道在哪里买，目标不清晰。对目标的不同清晰度和强烈度，决定了一个人最终能付诸的行动和实现的结果。

明确的目标是要赚多少钱，这需要是一个具体的数字或至少是一个数字范围。想要过上怎样的生活，需要确定标准，是想成为一个中产打工者，还是想实现财务自由或时间自由呢？只有把目标具体明确了，才能形成强大的内在信念，从而启动强大的人生动力并吸引更多的资源。

哈佛大学调查发现，经过20年后，3%目标长远且清晰的人，几乎都成了社会各界的顶尖人士；目标清晰但短期的人，大都生活在社会的中上层；目标模糊的那60%的人，都生活在社会的中下层；剩下的没有目标的人，几乎都生活在社会的最底层，他们都在抱怨社会、抱怨他人，也抱怨自己。

可见，我们都需要给自己制定明确的目标、规划清晰的人生蓝图，让自己充满成功的坚定信念，然后持之以恒地付诸行动。

那么，一个人成功的信念应该包括哪些呢？概括起来，主要有以下3个方面：

1. 不但要自己成功，还要有带动别人成功的使命感

让自己成功是小成功，让更多的人成功是大成功，而且这样的信念往往更容易反过来让自己成功。

一个人如果最初给自己确定的信念就是带动别人成功，那么你的格局就很大。一个人的格局越大，行动力就越强，最终成功的概率也就越大。

目标和信念需要是发自内心的，要有充分的理由和令人信服的依据。最好认真思考、梳理并写下完成目标的十大理由：为什么要订立这个目标？这个目标对自己、对家庭、对社会、对未来……有什么好处？当一个人通过梳理和列举清晰的理由，说服自己，并始终保持强大的渴望、信念、动力和使命感，才能在付诸行动的过程中，持之以恒地做到不达

目标不罢休，也才能成就自己！

2. 对达成目标具有超强的信心

无论遇到再大的困难，都不害怕、不犹豫、不退缩，这彰显的是一种强大的信心和恒心。一遇到困难就退缩了，说明信心还是不够强大。

每个人都拥有连自己都想象不到的能力，这会成为前进道路上的动力，从而进一步强化奋斗的信心。超强的信心是人生道路上的一剂良药，能治病，尤其是治松懈、怯懦、畏首畏尾和打退堂鼓之病。

3. 把强大的信念转化为快速行动的执行力

有了目标和信心，还要有好的方法和行动力。这就需要在实现目标的过程中，坚持不懈地学习，并持续打造有效的执行力。

无论做什么事情都需要全力以赴，这也是执行力的关键要素。要做到全力以赴，还需要找到行之有效的方法并快速行动。

此外，自己一个人的力量毕竟有限，要做大事，还要学会利用各种人际关系和人脉资源。

以上三点，只为抛砖引玉。更多必备的成功信念，请读者自己思考、发掘并整理。

最大的问题，不是没钱，而是无知

没钱让人寸步难行，然而，无知更会令人举步维艰、让财富缩水，或者遇到投资陷阱等。因此，我们需要看清，最大的风险，不是没钱，而是无知。

如果一个人没有很多钱，他最起码还能安安稳稳地过平淡日子；如果一个人很有钱，但没有一定的专业知识和能力，没有把握机会的智慧和识别风险的能力，则会带来很多潜在的风险。

举一个例子，当股票市场经历牛市的时候，有位伙计想要大赚一笔，结果却亏了老本。从此以后，他完全丧失信心，逢人就说股票是赌博，是骗人的。可是，既然股票是赌博，那为什么还有一部分人可以通过炒股让自己的资产年复一年地实现增长呢？如果不学习就莽撞地去投资、理财，难免踩雷。失败后，吸取教训便可，并不需要因噎废食，从此就怯于投资、不再理财。即便不再参与那些充满不确定性的、不靠谱的投资，也应该仔细了解自己为什么会踩坑。

这些年来，投资、理财平台层出不穷、五花八门。我们仔细考察后发现，有很大一部分都是骗局、圈套、黑平台。

有些平台即使不是黑平台，对于大多数不专业的老百姓来说也都是不靠谱的投资平台。投资人需要自己承担风险，没有经过专业训练的普通人哪里具备风控的技能呢？

比如，这些年，仅外汇投资平台，在中国就出现了500—800家。这里面很多都是骗局和黑平台。这样的平台，每年倒闭、卷款跑路、被查封的有很多。

可见，任何通过投资理财机会创造的财富，也都是知识、技能、认知和专业水准的变现。

哈佛大学第25任校长德里克·博克教授曾说过一句名言："If you think education is expensive, try ignorance!"（如果你认为教育的成本太高，那就试试无知的代价！）

一个人要么主动交学费去提升自己，让自己成为一个有知识、有智慧、有思想的人，要么就会为自己的无知被动地交学费。

不主动学习，会出现两大严重后果：第一，看不懂或者把握不住人生中的机会，错失良机、贻误人生；第二，付出上当受骗的代价。这就是不主动学习的人必然要付出的高昂学费。

无知和盲目的代价是惨痛的！没有接受过系统训练的普通人，要想通过投资、理财赚钱，需要跟对专业的指导老师，跟着学、跟着做。

还有一个需要指出的问题是，有些已有成就的人，通常很难承认在其所熟悉的领域之外，自己仍然是茫然无知的。

故而，当他们信心满满地开始向其他领域拓展自己的事业时，往往会犯盲目自信的经验主义错误，认为自己以前做事业能成功，现在接触新领域、新项目，也一定可以做成。这个念头会为他们从辉煌走向衰落，甚至遭遇重大风险埋下必然的种子。这样自以为是的人如果做投资、做理财，就容易在内外诸多因素的影响下，狠狠地跌倒。此类的案例，我们经常在学员中遇到。

任何高收益都伴随着高风险，如果没有专业的辨别能力和风控能力，非常容易踩坑。这些年，确实有很多高学历、有身份的人上当受骗。很多人翻看一只基金的历史业绩，发现其在过去两三年里运营业绩很优秀，于是就想当然地认为在未来肯定也会很有前途，便草率地投资进场了。然而，在接下来的时间里，其净值大幅回撤。

翻开很多人的炒股经历，可以看到不少同样的心酸和血泪。看一家上市公司的财报，明明连续几年盈利都超预期，却突然爆出公司资金链断裂的消息。

在今天的投资环境中，我们如何降低自己的投资风险呢？唯一的路，就是去学习、去深入了解。了解得越多,风险就越小;了解得越少,风险就越大。

只有通过学习,让自己变得更加专业,掌握识别真假、好坏的能力,确立应对风险的策略,才不致落入血本无归的境地。

在谈论投资的时候,巴菲特一直在高度强调保住本金的重要性。要想保住本金,就要懂得运用恰当的策略来降低自己的投资风险,就需要对投资机会深入了解。

很多人在完全不了解一个投资机会的情况下,就兴致勃勃地跳进去,完全是凭感觉、赌运气。这哪里是投资呢?分明是在赌博!机会不等于财富,它只是一种可能性,可能成功,也可能失败。打工赚钱也好,投资理财赚钱也好,每个人都需要给自己做清晰的人生财富规划。

需要锻炼对未来的预测能力、对消息的理解能力以及积累个人足够丰富的专业知识、阅历与经验。这些素养形成了一个人的洞察能力、智慧和眼光,只有这样才能够帮助自己清晰地分辨出机会的真假和好坏。

创造财富,对于每一个人都是一项人生事业。在发掘财富的大海上,充满风浪和暗礁,只有修炼到足够的水平,才能将这项事业安全地进行到底,并发扬光大。

知识匮乏，会带来巨大的风险

投资有风险，入行需谨慎。风险，可能来自投资的产品、借助的平台、进入的行业、市场的波动、趋势的改变等，最关键的风险还来自投资人本身不具备财富管理的知识。

随着投资理财平台的泛滥，很多诈骗事件层出不穷，并且投资理财的损失金额往往较大，一些受害群众为此负债累累，甚至倾家荡产！

这几年，随着互联网金融及普惠金融的快速兴起，很多投资小白，甚至退休的老人们都开始将存在银行的钱挪进了各种理财平台。

如果不具备一定的财富知识，就很容易成为骗子盯上的目标。

国家相关部门不断发布警示，提示广大群众，如果遇到以下情形之一的投资理财项目，请务必提高警惕：

1."看广告、赚外快""消费返利"的；

2.投资境外股权、期权、外汇、贵金属的；

3. 投资养老产业可获高额回报或"免费"养老的；

4. 私募买股权、合伙办企业的；

5. 以"理财"之名实施新型"房诈"的；

6. 以"扶贫""慈善""互助"等为幌子集资的；

7. 在街头、商超发放卡片、广告推销理财产品的；

8. 以组织考察、旅游、讲座等方式招揽老年群众的；

9. "投资""理财"公司、网站服务器在境外的；

10. 以区块链、元宇宙等潮流概念招揽投资的。

以上这10种情形，都是比较常见的"投资理财陷阱"，如果大家遇到了，一定要提高警惕。

我国法律明确规定：不得以任何形式向投资人承诺"固定回报率"或"固定收益率"，一般正规的理财机构都是提供参考的"预计收益率"或"预期收益率"。

如果有人一上来就承诺：每年给予20%或30%的固定收益，那肯定是不靠谱的。

因此，要想规避投资理财方面的骗局，需要注意以下5点：

1. 多学习投资理财方面的专业知识，金融和法律知识。只有知己知彼，才不会轻易上当受骗。

2. 保持理性头脑和平常心，不要被暂时的高利率迷惑，更不要轻信有只赚不赔的产品或项目。

3. 不轻信陌生人发来的"盈利图",不轻信高大上的"营业执照"和"红头文件"。

4. 不向陌生个人账号汇款、转账,向平台注资时,要多方验证是否合法正规。

5. 保存好汇款或转账时的凭证,一旦遭遇诈骗,就立即报警。

规划自己的财富目标

对于财富的积累,可不能只靠做白日梦和凭空想象,而需要有明确的目标。

没有明确清晰的目标,只能算空喊口号。比如你想成为富人,到底是多富呢?是实现财务自由即可,还是要先赚1个亿?是实现年薪百万,还是先在一线城市拥有一套房?这些都是对财富目标进行具体的量化,也就是目标的清晰化。

另外,还要知道财富从哪来?为什么来?来多少?会往哪儿去?为什么去?比如说,凭自己每天努力上班,规规矩矩地完成日常任务赚来的钱,是很清楚的。

这个钱会有一定的数额,人们有办法预先作规划,知道要用在哪里?需要多少?够不够用?如果有结余,就要妥善处置,比如储蓄或投资;如果有亏空,也会有心理准备。

也就是说,对金钱不仅要有规划,要有目标,还要具体量化。问问自己具体需要多少钱,就能够满足当下或短期的目标。不要说目标是让自己的钱花不完,这是自欺欺人。

此外,关于财富目标,第一,需要对自己财富状况清晰。关于财富目标的内心描绘,下面举一些例子:

"愿我的财富能与我的努力成正比。"

"希望我的钱能满足妻儿老小的生活需要。"

"让我不为下个月的生活费发愁。"

"我不要欠别人的钱!"

"我现在月入2万元,我要有20万元的定期存款。"

"我愿意用10年时间,在某个二线城市,拥有一套100平方米的住宅!"

"我要有足以应付意外的存款,这需要20万元。"

"我要用10万元来投资和学习成长。"

第二,需要把财富目标量化成一个个可以实现的点。像跑马拉松的人把每一个800米的标志物当成小目标一样。只有这样,他们才能一步一步地跑完整个马拉松。创造财富也是如此,不能一口吃成胖子,而是要按照一个个既定的小目标去攻克、去实现。

第三,列目标的时候,需要静下心来反复想这样一些问题:

自己内心真正渴望的是什么？赚钱是为了什么？到底需要多少钱？现在处在人生的哪个阶段？钱要用在哪里？需要用钱做什么？自己愿意付出什么条件去获取更多的财富？获得财富的途径是什么？可能性有多少？

当然，目标可以是各种各样的。也许是为了不再辛苦工作，也许只是为了支持自己的信仰，这是对自己的承诺。更加重要的是，明确目标后，要坚持执行。

第四，建议大家把上面梳理出来的具体目标、内心感觉和问自己内心的问题都认真地写下来，只有写下来，才会让目标变得更真实。

先有能力圈，再谈舒适圈

近几年，人们都在谈论"跳出舒适圈"这个话题。舒适圈源于美国心理学家诺尔·迪奇提出的"舒适区"理论。

所谓的"舒适区"，就是如果一个人一直只学习对自己没有难度的知识，或者经常做自己习惯并且没有挑战的事情，就很容易停止成长，这就是处于舒适区的状态。

与舒适区相对的是能力区，也就是持续不断地变得更强、更厉害、更有能力。只有先有能力，才能有踏实的舒适感。

连接能力区和舒适区最关键的是学习区或成长区，尤其是学一些具有挑战性的内容，让自己略有压力，精神和行为才能达到最佳状态。一段时间以后，学习区就会慢慢变成能力区，人也会随之成长。如此反复，一个人的能力也就越来越强，其人生的价值也就越来越高。

巴菲特曾说过，成功之道是在能力区内行动、在舒适区外学习。能力区就是一个人通过不懈的努力和学习，所建立起来的真实能力范围。

有一个在游戏公司上班的程序员，他学历高、能力强，就是不喜欢加班和早到，虽然公司规定每天九点上班，但他发现其他程序员都是早早到岗。

时间一长，他了解到，原来大家早到的目的就是为了抢一个免费的停车位。为了节省，大家早来晚走，就成了常态。他觉得，这样的生活状态不是他想要的。

于是，他凑了40万元，作为启动资金，开始了自己的第一次投资。

学计算机专业的他，选择了人工智能行业的股票。结果不到半年，投进去的40万元亏到不足20万元，亏损超过一半。

他不甘心，于是开始一遍又一遍地研究交割单，冷静地分析自己在股市里犯的错误。

一番学习和反思之后，他决定再次入市。这次他只给自己3个月的时间，如果成功了，就去做职业炒股人；如果失败了，就回去上班。

他把自己关了足足3个月的时间，深度学习和研究股市，每天醒来就研究大盘，不停复盘并总结规律。最终，他靠着剩余的20万元，一路逆转，赚到了将近60万元。他发现自己找到了炒股的窍门，从此一发不可收拾。他用了不到5年时间，可操控资金已达到上亿元，创造了复利近千倍的传奇。

这个案例让我们看到，只有真正打开自己的能力区，才能进入舒适区。当然，普通人不具备这样的学习能力和那种敢于去拼一把的勇气。一个人，如果能扩大自己的能力区，就能提高收入。

在这样一个知识碎片化的时代，一个人最重要的不是如何获取知识，而是如何架构合理有效的知识体系和能力系统来拓宽自己的能力区。最佳的状态就如巴菲特所说的：在能力区内行动，在舒适区外学习。

在能力区内行动，就是要扬长避短。在自己的优势领域，选择那些具有一定挑战性的方向，充分发挥自己的优势。在舒适区外学习，其实就是通过坚持学习来慢慢地扩大自己的能力区边界。一个人既要专注于自己所做的事情，又要偶尔探出头去看看这个世界的变化、看看周围人的提升和改变，尝试一下没有接触过的新东西。坚持不懈地学习、拓宽自己的能力区，是走向成功的一个有效途径。

打造适合自己的开源渠道

有人认为，在财富积累的路上，有两条路可选，一是开源，二是节流。实际上，开源比节流更重要。普通人只有找到自己的开源路径，才会赚更多钱，才能进行投资和理财。

开源的重要性大于节流，开源的人节流容易，而节流的人开源却很难。当开源与节流发生冲突时，一般选择开源都不会错。

"股神"巴菲特并不是富二代，既没有含着金钥匙出生，也没有继承家里的资产。巴菲特的爷爷、叔叔和伯伯都以经营杂货店为生，父亲做股票和债券的销售，母亲负责照顾孩子和家里的一切。

然而，巴菲特靠着投资理财一步步实现了神话般的创富人生。投资是需要本钱的，巴菲特起初的投资本金来源于打工挣的钱。他不怕苦、不怕累，同时做好几份工作。

巴菲特除了打工、做一些小生意之外，也很注重节流。他是一个很节俭的人，哪怕已经积累了亿万财富，他仍然穿几十年前的旧西装、吃几块钱的早餐，连私人飞机都要跟别人集资购买，而且他只占了1/8。这么有钱的人，还一直保持节俭的习惯。

那么，我们普通人如何正确开源呢？除了专职和兼职打工赚钱以外，有两个途径可以考虑：

1. 尝试为别人解决一些难题，你也许就能赚到许多钱。

2. 把精力集中在你专长的、熟悉的和你拥有的东西上以及你感兴趣的地方，来创造价值。

在开源方面，哈佛大学心理学研究者提出一个MPS分析工具，MPS三个字母对应的就是意义（Meaning）、快乐（Pleasure）和优势（Strength），用这个分析工具可以帮我们选出这三方面的交集。

首先，分别写出以下三方面对应的答案或关键词：

M：让你觉得有意义（价值）的事。

P：让你快乐的事。

S：你擅长的事（如果自己也不确定，可以听听老师、亲友或同事的意见）。

因此，开源的前提是要圈定一个自己喜欢并擅长且有意义的领域。你是讲课高手，还是画画高手？是擅长知识传播，还是心理咨询？你擅长和喜欢的不同，你能够创造价值的领域就不同。那么，如何找到自己想要的开源项目呢？主要包括以下5点：

1. 筛选开源项目。先列出自己所有擅长的事项，然后，从列出的几项中逐一排除，最终选一个最擅长和喜欢的，并将其排在第一位。

2. 找到你的兴趣所在。这里的兴趣多指日常兴趣爱好，也可以包括专业能力。它可以是读书、讲课、写作、编程、画画，也可以是健身运动，还可以是美妆护肤、穿衣搭配、知识分享、配音、做出拿手好菜等。不要低估自己的任何一项爱好，说不定它就是你下一个开源的特长和创业的契机。

3. 挖掘自己擅长的知识和兴趣爱好之后，还要寻找二者之间的有趣组合方式。比如，如果一个人的兴趣爱好是旅行、运动，擅长的是写作，那么二者的有趣组合方式就是"旅行/运动+新媒体写作"，比如，把旅行见闻或运动心得写成可传播的文字，从而为自己打造旅游或运动领域的自媒体。

4. 思考自己的内容怎么才能与众不同，如何让自己在喜欢且擅长的领域中脱颖而出。你需要将自己的内容与市面上已有的内容区分开来，打造差异化的形象或者聚焦更细分的领域。

5. 开源不能不切实际，即使不太擅长，也要是自己喜欢的。如果喜欢但不擅长，可以通过慢慢学习来提升。

此外，无论做什么事情，必须是正向的、具备正能量的，不要心存妄想和传播负能量。虽然现在有不少人为了赚钱不惜变成另类，不惜"臭名远扬"，传播一些为了吸引眼球而没有底线的内容，但这样做一定走不长远，更谈不上变现和积累流量与人脉。

即使没钱，也要有富足的心

古人云："凡事忌满，月满则亏，水满则溢，人满则骄。"因此，半贫半富半自安，半命半天半机遇，半取半舍半行善，半智半愚半圣贤，半醒半醉半自在。丰盛与富贵的内心，是千金买不来的大财富。

为人处世、过日子、追求财富，任何事都离不开"分寸"二字。一旦掌握了其中的平衡法则，也就找到了真正的财富来源。最珍贵的财富是什么呢？是我们内心的富足。

有的时候，拥有得多，不一定使人满足；拥有得少，不一定让人贫乏。人生真正的财富是内心的富足和愉悦，真正的富足也不是物质上的富有，而是精神上的满足。人可以穷，心不能穷，让心里的能源取之不尽，让心里的健康用之不竭。如果能来日方长、从长计议，也就不愁日后飞黄腾达。

人们追求财富，有的是为了更好的生活，有的则是为了给社会创造价值或更大范围地服务他人。然而，真正的富有并不仅仅是外在金钱的积累与物质的堆砌，还需要内心的满足和充实。心中无缺，是真正的富有。

每当做一件事情时，我们先问问自己，我们最终能得到心灵的富足吗？同时，我们要把心灵的富足和虚荣心的满足区分开来，心灵的富足是长久的，而虚荣心的满足是暂时的。

有些人好脸面和虚荣，什么东西都希望表面上光鲜，结果弄得自己死去活来，非常不值得。

最典型的例子就是青年人的婚礼阵仗远远超出自己的经济能力，大摆排场：租豪华轿车、吃五星酒店，铺张浪费，结果欠了一屁股债，导致夫妻俩关起门来天天吵架。

内心的富足并不是一个人天生拥有的，需要我们通过学习和觉察来培养。没有觉察力，即使身在福中也可能不知福；没有觉察力，人就会活得浑浑噩噩、迷迷糊糊，还会让自己在追求财富的过程中迷失自我，从而陷入迷茫和痛苦。

为世界创造"苹果"设备神话的乔布斯就非常注重内心的富足。

乔布斯19岁时去印度进行了一次精神之旅。他对东方精神、印度教、佛教、禅修充满好奇，对探寻生命本源产生了浓厚兴趣，而这并不是一个19岁青年的心血来潮。纵观他的一生，他追随并遵循着许多东方古圣先贤的智慧。

多年之后，乔布斯坐在自己位于帕罗奥图的花园中，回想起印度之旅对他的深远影响：

我回到美国之后所感受到的文化冲击，比我在印度时感受到的还要强烈。印度乡间的人与我们不同，我们运用思维思考，而他们运用直觉，他们的直觉比世界上其他地方的人要发达得多。直觉是非常强大的，在我看来，它比思维更加强大，对我的工作产生了很大的影响。

在印度的村庄待了7个月后再回到美国，让我看到了西方世界的疯狂以及理性思维的局限。

如果你坐下来静静观察，你会发现自己的心灵有多焦躁。

当你的心灵逐渐平静下来时，你的视界会极大地延伸。你能看到之前看不到的东西。这是一种修行，你必须不断练习。

禅对我的生活一直有很深的影响。我曾经想过要去日本永平寺修行，而我的精神导师要我留在这儿。他说那里有的东西这里都有，他说得没错。

我从禅中学到的真理就是，如果你愿意跋山涉水去见一位导师的话，往往你的身边就会出现一位。

果然，乔布斯在自家附近就找到了一位导师——《禅者的初心》一书的作者铃木俊隆。他管理着旧金山的禅宗中心，每周三晚上会在那里开讲座，并和一小群追随者一起做冥想，乔布斯也成了忠实的追随者。一位成功人士，需要有强大的心理定力及内心力量。

禅修培养了乔布斯对事物的专注和对简洁的热爱，这也是他成功的秘诀之一。

在日常生活中，人只要经常保持对宇宙、天地、自然、社会、环境和自我内在的觉察，就总会有各种各样的意外领悟和洞见，让自己感到自在、意外和惊喜。

所有的物质利益和社会地位，都是预期之内的稀缺性资源。对于稀缺性资源，往往有人拥有，有人没有。然而，人们对意外和惊喜的体验，是可以共享的。

只要保持觉察，就能体会到意外和惊喜，内心就是充盈的、富足的，这也是珍贵的内在财富。这种内在财富，将会成为创造外在财富的力量之泉。

个人财富观念测试

对个人财富观念进行测试,意在综合评估自己的信念系统中对财富的态度,也能反映出一个人对财富的整体感受。这不但能锻炼财商思维,还能显示自己吸引金钱的能力。

具体地可以从以下几个方面进行测试:

1. 谈论金钱的话题时,你认为自己是快乐的还是不快乐的?

这里包括你拥有的钱、不属于你的钱以及某些情况下急需的钱。从这个测试中,能够看出你对金钱抱有何种态度,是积极的还是消极的,是乐意去聊的还是刻意回避的?

2. 你如何评价自己的净资产状况呢?

是只够日常消费,还是有盈余可以用来投资。如果你的财富积累水平尚可,那你相信这些钱是你应该得到的,还是仅凭运气好而暂时得到了呢?你觉得应该拥有更多还是已经知足?

从这个测试中，可以看到你对于拥有财富是否自信，也能间接显示出你赚取财富的能力。

3.你觉得钱是不是不够用？会有缺钱的羞愧感吗？是否希望这种匮乏的感觉从内心消失？

从这个测试中，可以看出你对自己的经济状况是否担忧，有没有想要改变的渴望。

4.当你遇到一个真正富有的人，你的内心是羡慕、崇敬，还是暗自妒忌、不屑、仇视和鄙视呢？

你有没有觉得对方虽然富有却肯定不幸福，会不会觉得对方的钱财来路不明，是不是会由此对自己的状况产生莫名的自卑或恼怒？

通过这个测试，可以看出你是不是具有尊重财富的思维，如果你瞧不起别人的富有，潜意识里就是看不起自己的能力，觉得自己无论如何也达不到别人的状态。

5.如果你身边的朋友和你的生活情况本来差不多，但他变得比你更有钱，你会替他高兴还是沮丧？这于你而言，是阻碍还是激励？

通过这个测试，能够看出你是否具备成长思维和学习思维。

6.你对财富有哪些内在的需求？

比如，你是一个一事无成的人，还是一个拥有精明头脑的人？是一个无知的人，还是一个博学的人？是一个有理想有目标的人，还是一个得过且过的人？

通过这个测试，可以找到你与财富最真实的连接。

请认真对待这些问题。这些答案会让你清楚地了解自己潜在的强项和弱项。通过思考，你会更清楚地了解自己的内在与财富的连接程度。

如果目前你恰好有财务方面的困扰，请你写下钱不够时，你内心的感受；如果你攒下了一小笔钱，请你写下此时你的内心感受；如果你比朋友有钱或不如他们有钱，也请写下你的内心感受。

强调一下：只有真正地静下心来，用"写"的方式来做个测试，你才能了解到自己对于金钱的感受和情感。

如果你不了解自己的真实感受，就无法有针对性地让自己改变。无法改变的话，就只能在原有的轨道上继续漫无目的地生活。

第五章
用关于财富的知识升级财商

让财富跑赢通货膨胀

股神巴菲特认为,通货膨胀是影响公司盈利的最大敌人,也是个人财富增长的天然大敌。如果你的投资收益率能战胜通货膨胀率,你的财富就能实现保值,甚至不断增值。

有一个简单的检验公式,借此你可以轻易地计算出3%、5%或者7%的通货膨胀率对一个人的财富究竟会产生怎样的影响:72÷通货膨胀率×100%=货币贬值一半所需的年数。

按3%的通货膨胀率计算,那么72除以3得出24。这意味着,你的钱在24年后将贬值一半。换个说法,那时你需要2倍的钱,才能达到和现在同样的购买力。

1982年,整个欧洲的平均通货膨胀率达到了12%。在通货膨胀率如此高的情况下,只需要6年,你的钱就会贬值一半。

有形的钱财会随着通货膨胀贬值,无形的个人能力也会随之贬值。

比如，重复劳动带来的能力和工作激情退化会导致一个人收获的金钱和要花出去的钱财出现不对等的情况。需要的花费越来越多，而赚钱的能力却越来越弱。

因此，我们需要慎重地面对这个问题，提前防范"人和钱都越来越不值钱"的困窘。

普通人战胜通货膨胀，一般有两种方法。一种是让自己的能力得到提升，提升自己的阶层；另一种是通过投资不断提高收益，让自己的投资收益快于通货膨胀、货币贬值的速度。

让自己的能力得到提升要靠学习。一方面，持续拓展自己的专业领域和认知边界，只有这样，能力才不会持续贬值；另一方面，通过理财和投资，提高自己的财富收益来降低未来的风险。

李嘉诚说过，所谓理财，就是要有长期稳定的收益，它不同于投资，更和投机无关。他强调了"稳定"和"长期"。因此，理财是为我们未来做准备，为我们真正需要钱、又没赚钱能力时做准备。

理财能帮助我们平稳度过未来的财务危机，这是理财带给所有人的真正益处，它不但能为未来创造财富，还能规避风险、保存财富。

也许有人会说，我存在银行的钱才是真正的理财，既安全又能得到利息。但放在银行的钱真的一定会因为获得利息而保值、增值吗？其实未必！虽然银行存款理财是一款既方便又安全的理财手段，但随着经济的发展，银行每年的存款收益率已经远远跑不过通货膨胀率了。

理财的真谛，是让你在有能力的时候赚钱、攒钱；在没有能力的时候，安心用钱、花钱；让原有的资产实现持续保值、增值。在家庭资产动态配置过程中做到不断地合理化和优化，从而避免资产贬值。

那么，如何理财、通过什么工具理财，才能让我们的资产或财富保值、增值，不被通货膨胀蚕食呢？对于这个问题，因人而异、因时而异、因地而异，没有统一的答案。有人说，从短期看，普通人可以通过购买保险、基金、银行理财产品等来规避财富缩水；从长期看，可以购买核心城市、核心地段的房产或者有竞争优势的公司股票。

这样的建议是否靠谱，也是无法确定的。个人资产配置，是专业性非常强的操作，需要通过系统的学习才能成为内行，需要通过严格的一对一的咨询，才能确定个性化解决方案。

至于通过什么样的理财、投资平台，借助于什么样的理财、投资工具，购买、持有什么样的优质投资产品，来实现个人财富的保值、增值，也是需要利用专业的流程和标准，从林林总总、花样繁多的机会中去精准地评估和筛选。

一般情况下，我们采取的最实用有效的方法，就是通过合理配置技术培训课程和投资理财平台评估技术课程，来给学员提供系统的解决方案。

事实上，对于普通大众来讲，让自己的财富跑赢通货膨胀并不是一件容易的事情。这需要拥有专业的知识、技术、流程和参照标准，或者由专业的内行人士来指导。要不然，上当受骗的可能性非常高。这样的事情，在这几年时有发生。

在现金流四象限中选择定位

现金流四象限指的是《富爸爸，穷爸爸》的作者罗伯特·清崎先生从收入来源的角度，揭示的这个世界上的四种不同的人。

把人们分别放在直角坐标系的四个象限中，身份分别是：工薪一族、小生意人或自由职业者、企业拥有者、投资者。

他发现，每个象限的人从收入来源上看，都很不相同，生活也因此有很大的差异。以下对这4种人的差异进行具体分析：

第一种，工薪一族，通过被别人雇用，出租自己的劳动力以换取生活费用。

处在这一象限中的人，优点是收入相对稳定和省心，缺点是不自由，而且收入和付出不一定成正比。

工薪一族的经济本质是将自己的大量时间售卖给老板，换取一份相对固定的报酬，也就是用时间换取收入。因此，这些人是很难实现财务自由的，也没有时间自由。

从收入来看，因为是"售卖"时间，单位时间的价值就比较便宜。雇主或公司一般一年才调一次工资。整体来看，在这个象限中，有能力的人大部分时间都处于被价值低估的状态。

第二种，小生意人或自由职业者，他们属于自己雇用自己进行创业的人群。

按照市场规律，这个群体的收入和付出基本成正比，工作也比较自由。而缺点也显而易见，比如受技能、人际关系、年龄等限制，收入不太稳定。

自由职业者多数是靠一门技能或特长进行生存和发展的，随着社会竞争日益激烈，一个人的技能如果不能持续提高，就很容易被淘汰。

此外，有些人随着年龄的增加收入也会受到限制，比如演员、模特等自由职业者往往因为年龄增长而面临失业。

从收入的稳定程度上看，自由职业者的风险更高，却解放了很多能动性，使其可以通过提升自己的市场价值来提升单位时间的收入。

这种方式比工薪一族更自由。可以与客户商量时间，把需要给自己或者家人的时间预留出来。

一般情况下，这个象限的人和第一个象限的人一样，都是依靠主动收入，没有被动收入，因而也没有财务自由和时间自由。

第三种，企业拥有者，指的是拥有一个企业或一个成系统的生意，能够持续不断地带来稳定的被动收入。

处于这一象限中的人能充分发挥自己的人生价值，从而实现名利双收。虽然普通人创业成功的概率很低，创业的风险也比较大，但一旦创业成功，带来的回报也非常丰厚。

第四种，投资者，所谓投资者就是根据金钱的运行规律，用钱赚钱，并让自己的财富保值或升值的人群。

成为投资者的门槛相对较高，必须有用于启动的基础运作资金。此外，投资者必须还要有知识、技能、眼光和头脑，才能实现财富的积累和稳定增长。

处于这一象限中的人，更容易实现财务自由和时间自由，很容易快速积累财富。

人们在其他三个象限所积累的资金，最后都会通过这个象限来实现长久受益，因为这个象限创造的是源源不断的被动收入。

走到投资者这一象限的人，往往具备了投资理财的知识和能力。从工薪一族到小生意者，再到企业拥有者，最后到投资者，或者从前两个象限直接达到第四象限，这并不是一个轻松的旅程，而是观念和行为习惯不断成长的过程。

现金流四象限的分类和象限的转换，告诉我们一个道理，要想积累更多的财富，可以从以下3个步骤中选择自己的人生路径：

第一步，作为工薪一族，在可以用时间和体力换金钱的时候，积累经验、努力培养技能，让收入潜力最大化，只有这样才能获得积累。

第二步，等到有了一定的启动资金就进入创业阶段。创业可以是成为小生意人或具有一定专长的自由职业者，可以成为企业主或企业家，也可以通过努力让自己直接成为投资者。

第三步，在积累了足够多的原始资本并且找到或者打造好一个风险可控的能够让财富倍增的平台时，就可以完全依赖钱生钱获取被动收入了。这样，就可以"躺赚"，并让财富持续增值。

如果你不想创业，就直接跳过第二步。当你积累了足够多的启动资金，你就可以直接跳到投资人象限。事实上，这也是很多人致富的"经典"方式。找一份高薪的工作，然后存钱买资产、做投资。

这三步，就是从最不自由的状态向越来越自由的状态一步一步地发展，财富一步一步积累的基本过程。

在人生有限的时间内，很多人都不愿意把大部分时间花费在工作中。因此，就需要改变自己所处的象限，或者不只在一个象限中。

改变象限不仅需要思想和意愿的改变，还需要对自身进行剖析，通过不断地自我完善去实现。

厘清投资与理财的关系

在这个消费盛行和通货膨胀持续的时代,很多人发现,钱虽然变多了,却越来越不经用了。为了让我们的资产保值、增值,我们需要搞清楚两个基本概念,分别是投资与理财。

很多时候人们把投资与理财当成了一回事。事实上,这是两个不同的概念,操作方式也有很大的不同。

随着金融市场的不断发展,每个人参与金融市场的行为越来越多。同一个人,可能在同一时间参与了不同的金融市场行为,比如,炒股的同时还在炒期货、买基金的同时还买了信托、投资股权项目的同时还投资了房地产等。

对金融市场的多元化参与,也导致在同一个人身上投资和理财这两个概念逐渐模糊,将二者合并起来称作"投资理财"似乎并没有不妥。不过,严格地讲,投资与理财还是有明显差异的。

所谓投资，就是投入一定的资金，期待未来可以给我们带来回报的过程。投资又分个人投资、企业投资以及其他投资。本书在这里只讨论个人投资。

那么什么是理财呢？就是打理自己的财产、规划自己收支的过程。每个家庭的财务资源有限，不同的配置方式会有不一样的效用和变动效果。

举个例子，如果把财务资源比作一个杯子，人生大大小小的目标就是大小不一的石块，我们按照不同的顺序放进去，杯子的容纳能力就会不一样。理财追求的是资产合理配置和稳定的保值增值，而不是短期的高收益。

当我们把这两点区分开后，就会发现，投资和理财是两种截然不同的概念，因为：

理财的范畴是广泛的，投资是特定的；理财是相对保守的，投资是相对激进的。

无论是投资还是理财，目的只有一个，那就是让自己的钱像雪球一样滚动起来，只有把钱流通和周转起来，才能获得更多的增值。

投资与理财的关系是什么呢？理财可以是投资，但投资不一定是理财。日常的收入支出规划是理财，但不是投资。

每天生活中只要是与钱有关的事情，都可以说是理财，可投资却不一样。我们能说买房子是投资，但不能说买生活用品是投资。

事实上，理财与投资是整体与局部的关系。我们可以把自己所有的钱看成一个整体，打理这个整体的过程，包括收入和支出，就是理财。投资只是这个整体中的一部分。理财是大概念，重在规划，属于战略层；而投资是小概念，重在策划执行，属于战术层。

简单来说，理财包含投资，投资是为了实现理财的战略规划。投资关注每笔资金的投入产出比，而理财考虑投资的回报和其他类型的回报收益以及支出的合理性。投资一般属于定向型的行为，比如投资实体门店、投资股票、投资股权等。

投资、理财的行为要共同遵循3个核心原则，分别是安全性、流动性和盈利性。因为理财的目的是规划自己的收入和支出，把结余用来投资进行增值，所以要把安全性放在第一位，只有保证本金安全，才可能有后续的增值。

怎样才是安全的呢？首先，要拿生活中用不到的钱进行投资，这是既简单又可靠的风险兜底策略。坚持这个策略，起码不会赔光。

其次，还要按照专业的标准选择合法、真实、灵活、规范、持久的理财平台或投资工具。

什么是流动性呢？就是资产变现的能力。如果你投资了一个几百万的房产，但真正需要钱的时候，房产却不能够立即卖出去，无法实现现金转化，这就说明你的投资流动性不好。

投资理财的最后一个必备的原则是盈利性（也叫收益性）。在现实生活中，很多人对以上3个原则的重要顺序搞不清楚，眼中只有收益性，而不看流动性和安全性，这也是很多明显的骗局能实施成功的主要原因。

重新认识时间的意义

浪费时间就等于浪费财富,重新认识时间的意义等于重新看待财富。

天使投资人李笑来给"财富自由"下过定义,他说,财富自由是指再也不用为了满足生活必需而出售自己的时间。

他强调了时间的价值、重要性和唯一性。无论你是靠出卖体力、脑力,还是知识、技术、专业去赚钱,本质上都是在出卖自己的时间。而薪水就是给你的时间按份标价。我们若想获得更多的财富,就必须让自己的时间更值钱!

懂得管理时间的人,会在工作时不断提高工作效率,而其余的时间则用来做更有意义的事,比如看书、学习、健身等,甚至有人可以通过对时间的管理多谈成几笔生意,财富就会变得越来越多。

要想赚取更多财富,可以先学会"赚时间"。只有找到了提高效率的最优解,才能更好地赚取时间。

当我们面临不同的情境时，我们该选择做什么、不做什么？就是对时间的管理。

有一种很简单的方法，即根据事情的紧急程度和重要程度，我们可以把所有的事情简单地分成4个类别。分别是：不重要也不紧急的事、紧急但不重要的事、重要但不紧急的事、紧急且重要的事。

比如，在日常工作中，我们可以选择花80%的时间专注于培养自己的核心竞争力，虽然这根本不是紧急的事情。

再比如，你家里的某个电器坏了，也许花时间琢磨一阵子你自己也能够修好，但最好的办法是付钱请专门的师傅来修理，因为你花时间修电器产生的价值，无法与你在同样的时间里专注于自己擅长的领域创造的价值相比。

如果我们秉持金钱换时间的思维和做事风格，那么对时间和金钱关系的理解就会越来越透彻，我们的时间会慢慢变得值钱。

因此，当我们对时间进行安排的时候，要客观理性地选择合适的计算方式，来计算这些选项分别能带给我们什么样的收益。这并不容易，除了要懂得如何正确计算以外，还要客观地评价损失，毕竟损失带来的负面情绪也许远远大于同等利益带来的正面情绪。

时间用在哪里，决定了我们是谁。请时刻保持清醒的头脑，快速判断可见损失和隐性收益之间的关系，从而避免让厌恶损失的惯性心理控制我们的心智。

盘点自己的资产负债

公司年报中,有一个表叫"资产负债表"。如果把个人比作一个"自我公司",那么要想了解自己的财务情况,就可以通过两方面的数据来梳理:一是资产情况,二是负债情况。

个人资产负债表分为左右两栏,左边栏专门统计资产,右边栏专门统计负债与权益。个人的资产负债表和企业一样,同样要遵循"资产＝负债＋权益"这一公式。

左边的资产栏,我们可以填上日常的定期存款、活期存款、银行理财产品价值、基金等投资项目的价值,还有房产、小汽车等固定资产的价值。

右边的负债栏,填写的就是平时花出去的钱,短期和长期的一些负债,比如借的钱、欠的钱、银行贷款、刷信用卡花的钱等。

权益就是我们的资产减去负债的余额,比如,我们有一套房产价值

200万元，而贷款要还150万元，那50万元就是自己的权益。

有必要的话，还可以做一个收支表，分收入项和支出项。

收入部分，通常来自薪水、奖金、利息收入，有价证券的红利、不动产收益等。如果做其他副业的话，副业的收入也应该计入其中。

对个人来说，费用支出主要指与基本生活有关的支出和购置资产的支出以及投资的支出。比如，衣食住行的费用，社交费用，保险金，装修费，教育经费，购买房产、家具、家电、车辆、股票等的支出。在资产买卖中出现的损失（如买卖股票、房产等的损失），也要计入费用。

把个人的所有收入、费用都列出来，然后用收入减去费用和支出，就得到了剩余的权益。

最后，我们要记住两张表的作用。资产负债表的作用是帮我们清点家底，而收支表的作用是帮我们记录收入和支出，以了解自己的收支情况。

盘点个人资产负债表就是为了搞清楚自己的家底，对财务状况进行实际分析。知道自己有多少可供支配的资产，才能合理地进行下一步的资产配置和财务规划。

管理好每一笔收入和支出

人们都知道"时间管理"的概念,却没有具体有效的方法去实践它。很多人也知道金钱管理的重要性,却很少有人仔细地管理自己的每一笔收入和支出。

金钱和时间一样,都需要认真管理。平时生活中要怎么管理收入呢?概括起来主要有以下5种方法:

1. 记账

把每个月的收入和每天的花费都记下来,知道钱的来路和去向。至少要通过3个月或半年,你才能摸清自己的钱主要花在了哪里,才能够进行有针对性的调整,从而有意识地控制不必要的支出。

比如,现在大家习惯用手机支付,无论是支付宝还是微信,都带有记账功能。用这种自动记账本,让它们帮你自动记录下来。每过一个月,你就可以调出完整的记录,一目了然,非常方便。

关于记账，这里推荐两个小技巧，一个是余额法，即你每天支出多少还余下多少，让自己心里有个数。这样，你会有一种余额下降感，就会提醒自己节约或少花钱；另一个是适当地提取一个小额度来作为自己的零用钱，以应付细碎的消费。这笔支出可以统一地记在零用钱的项目里。

2. 专卡专用

对于没有理财规划、财务状况不明晰的人，可以专卡专用。办理一张信用卡，专门用于日常消费，比如水电煤气，这样每个月只需要查看信用卡账单就好。第二张卡用于投资。买过基金或者股票的人都知道，券商账户或者基金账户都是要绑定银行卡的，你可以选择一张卡专门用来投资。这样每年用于投资的转入、转出就一目了然了，也能很轻易地知道自己投资的盈亏在哪里。

3. 制作个人资产损益表

每个人都要对自己的财务收支情况作深入分析，否则连自己到底是负债还是盈余都不清楚，就很容易加剧资产亏空。

4. 厘清自己的开源和节流状况

有时，节流是痛苦的。在尽量不影响现有生活水平的前提下，控制不必要的花销，才是真正的节流。

尽可能地把自己每个月用于花费的收入存入能够生息的账户，如余额宝等。

5. 制作"浪费清单"

将容易盲目消费的东西写到清单中,包括惯性消费,这样不仅能够让自己意识到浪费的坏习惯,还能总结出具体的调整思路。

我们做出的这张浪费清单,其实也是我们自己的弱点清单。要定期进行反思和总结,改变一些不良的消费习惯,分辨哪些是必要的支出,哪些是完全不必要的支出。

当你学会管理自己的每一笔收入,就会看到自己的生活状态,甚至发现自己的生活品位和价值观,最终从根源上建立起对财富的全新认知。

合理配置家庭资产结构

很多人不懂家庭财产合理配置的方法。也有些人在配置,方法却并不合理。目前,中国大部分家庭的主要资产都集中在房产上,剩余的钱则存入银行。

十多年来,全国的房产价格平均上涨了好几倍。如果在十几年前,你家里的资产主要配置在房产上的话,你的财富就涨了好多倍,这太正常不过。但这两三年以来,房地产市场的发展已经发生了本质的变化。

根据国家统计局的数据,2021年房地产销售面积下降了9.6%,销售均价下降了10.7%。

大部分的家庭如果继续把大多数的资产都押在房产上,财富就会出现较大幅度的缩水。现在很多人仍然把房子当作抵御风险的最大资产,在很多城市,这是非常不安全的。

那么,把钱存在银行有什么风险呢?答案就是4个字——货币贬值。

普通人的家庭只有构建起家庭财产的合理配置思维，才能抵御财富严重缩水的巨大风险。做家庭资产结构的重新配置，可以参考国际通行的"标准普尔资产配置象限"。

使用这个方法，根据资产的形态或用途，可以把家庭资产分为4个类别，分别是日常要花的钱、保命的钱、保本升值的钱和专门生钱的钱，这四类资产的国际合理占比标准，分别为10%、20%、40%和30%。

需要补充的是，在家庭资产结构中，生钱的资产超过30%以后，比例越高，说明家庭资产倍增的潜力就越大。

1. 日常要花的钱，指的是日常的各种生活开销所需的资金，钱一般放在活期储蓄的账户里面。这个账户保障家庭的短期开销，包括日常生活、买衣服、美容、旅游以及学习等支出。

2. 保命的钱，主要指的是用于保险、保障的开支，就是杠杆账户。这是专门解决突发事件的大额开支备用金，一定要专款专用，以保障在家庭出现意外时能应急。

3. 保本升值的钱，是家庭成员的养老金、子女教育金、留给子女的钱等。这个账户的钱，一定要保证本金不能有任何损失，并且要能抵御通货膨胀的侵蚀。

4. 专门生钱的钱，指的是用于投资的钱，主要以获取收益为目的，通过专业的风险控制，获取较高的收益，比如在股票、房产、黄金、期货、外汇、实业等各种产品中的投资。目前,在中国人的家庭总资产中,配置在实物资产上的超过80%,其中65%都配置在了房地产上,这已经是非常不合理的比例了。发达国家的家庭,配置在房地产上的资产占全部资产的比例是20%—30%。

中国家庭配置在生钱的资本上的资产比例明显偏低,高净值家庭投资于股票、股票基金、期货、私募股权等高风险产品的比重为14.61%。显然,中国家庭的资产配置结构非常不合理,因而面临的财富风险较大。

借鸡生蛋，用别人的钱赚钱

借鸡生蛋，字面意思就是借用他人的本钱或资源来实现自己的收益。

举个例子，你现在一无所有，你的邻居很富有，养了一群鸡。于是你就找邻居借了几只鸡，承诺一个月后还他，并付 10 元钱的租金。这一个月，这些鸡下了许多鸡蛋，你把这些鸡蛋拿去卖了 50 元钱。一个月后，你把其中 10 元钱付给邻居，并还鸡，你就有了 40 元钱的额外收益。

不过，你起步的时候，不一定是一无所有。如果你有不多的启动资金，但是不足以开始一项事业，你就可以从别人那里筹集一部分资金以弥补启动资金的缺口。这种以小博大的思路采用的就是"杠杆原理"。

在投资理财中，杠杆原理得到了普遍、充分的应用。

比如，一个人计划投资 1 万元做服装生意，进货买入 1 万元的衣服，可以卖出 1.5 万元，自己赚 5000 元，这就是用自己的钱赚的钱，是那 1 万元本钱带来的利润，这是在没有杠杆作用下的盈利。

假如一个人对服装生意很在行,于是决定从银行贷款10万元,使用1个月,假定利息是1000元。在此操作过程中,就等于你用1000元的资金成本,获得10万元的1个月使用权。

用这些资金购买价值10万元的服装,售出后得到利润5万元。这就是应用杠杆做生意。

使用资金杠杆,在金融投资中非常常见。比如,做外汇保证金交易,其杠杆多为50倍、100倍、200倍、400倍等几个级别。

如果用100倍的杠杆做外汇保证金交易,就意味着你把手上的1万元当作100万元用。也就是说,你把自己的1万元押给银行,按照规则和协议获得了银行99万元的临时借款,你就可以做100倍规模的交易了。

再比如,人们贷款买房,价值100万元的房子,首付20%,即你用20万元的资金撬动了价值100万元的房产,这里使用的就是5倍的杠杆。如果未来房价增值10%,你的投资回报就是50%,你就用20万元的本金赚了10万元。

运用杠杆原理,借鸡生蛋、借钱投资,用自己有限的资本放大收益的空间,就是在用别人的钱来为自己赚钱,这是一种借力的投资智慧。

物理学家发明了滑轮,人们就可以通过借力用以前一半的力气提起同样的重物;会借钱生钱的人,可以用较小的启动资金创造较大的收益;

会用杠杆原理的投资人，就是在用别人的钱撬动自己的收益。

拿从银行借贷来的钱去赚钱，从投资理财的角度看，如果你的投资回报率高于你的融资成本的话，你就值得去使用这个杠杆。

用借贷的钱可以让自有资金发挥四两拨千斤的效果，从而大大提升了资金回报率，让你获得远超市场平均收益率的回报。

借钱的目的是用金钱的杠杆作用来放大自己的资本能力，以赚取更多的利润。然而，借贷是有成本的，我们必须在借贷前仔细分析、计算，必须确认投资产生的效益大于贷款产生的开销，否则就是不良借贷。

当然，如果杠杆使用得好，会借力增加自己的财富。然而，如果使用不当，一旦还不上借款，就会面临破产的风险，还会失去信用。因此，一定要量力而行。有句话说得好：一个人最大的破产是信用的破产！哪怕你一无所有，只要信用还在，就还有翻身的本金。

在一个成熟的商业社会，信用是财富的象征，或者说信用本身就是财富。信用已经成了一种重要的无形资产，已经成了衡量一个人是否靠谱的基本参照。

如今，信用也是一个人能否赢得财富的重要标志。因此，千万要保护好自己的信用，珍惜别人给你的每一次信任！

那么，如果运用杠杆原理借力做投资，需要遵循哪些重要原则呢？

1. 收益一定要大于借款成本

如果单从理财的角度看,只有投资的回报大于借贷成本,才可以去借贷。

2. 一定要确保投资风险可控

做投资理财,最核心、最基础的事情就是要控制风险。借贷之前,不要总想着盈利,要先考虑风险因素。

如果你通过杠杆配置的产品风险可控,自己有能力在负债的情况下完成还款且盈利,就可以考虑使用杠杆借钱投资,否则最好还是敬而远之。

3. 切忌抱有贪婪、侥幸和孤注一掷的心态

投资不是投机,更不是一锤子买卖,不要拿着借来的钱去"豪赌"。

一旦抱着"捞一把就走"的心态做投资,市场不确定性带来的风险,最终可能会逼得自己走投无路。巴菲特说,当别人贪婪时,他会恐惧!

以小博大,可以说是大多数投资者梦寐以求的境界。无数投资人曾为了这个目标奋斗终生,而在风云变幻的投资环境中,真正能够做到以小博大的,也只有那些通过坚持学习,真正掌握财富本质的极少数的投资高手。

总而言之,投资是一个专业性非常强的技术活,运用杠杆原理更是如此。我们一定要严格遵守执行专业的规则、流程和标准,才能够保证投资行为的安全性。

第六章
创造由内而外的富足

以德赚钱，以德守财

有句话说：不是富人有钱，而是富人自己本身就"值钱"。富人不但注重自身的个人价值，比如专业知识、修养、格局、能力和经验，而且还注重个人的社会价值，包括人脉、信用以及社会奉献等。

人脉的价值很好理解，而对于信用和社会奉献，听起来有点虚，有人认为只有已经成功的人士才需要讲究这些。

实际上，在一个信息公开透明的社会，你越是做一个有价值、讲信用、懂得奉献的人，就越容易获得财富。

在过去，因为信息不透明，有时候做了好事会被忽略，做了坏事也容易被掩盖。这就容易出现不公平的现象，因为似乎坏人更容易占便宜。

而现代社会越来越透明化，你做的任何事情，不管好事或坏事，最终都很容易被人披露出来。因此，个人的社会公认价值变得越来越重要。

中国传统文化中的儒释道，自古以来都非常推崇敦厚温良、品德修养、自我教育以及自我约束等，实际上就是自我完善、自我提升和自我的价值、形象、品德的塑造与管理。

只有实现了自我完善与自我管理的人，才能形成独特的人格魅力，一旦具有了这种魅力，也就具备了吸引财富的资源和潜力。

作为一个普通人，只要心存觉悟，时时处处能做到自省和自我完善，都可以提升自己的境界，创造应有的价值和财富，获得圆满的幸福和快乐。不论是打工还是开办企业，不论是投资理财还是为了守住自己的财富，完善的人格都有着非常重要的意义。

先有德，才能更顺利地做成事业，最后才能获得收益。一个人和一个企业要想获得成功，需要遵从一定的次序，切忌弄颠倒。

当一个人过着虚伪的生活、戴着虚假的面具、与人做着不正当的交易时，他将每时每刻都受到内心的谴责，并且会消减自己内在的能量。他的良知会不断地拷问他的灵魂，责骂他是个欺骗者、是个不诚实的人。

这种败坏的品格和引导他人走向歧途的行为会削弱人的内在力量，从而葬送人的自尊和良知，最终也会消减自己的能量和财富。

人若无正信，很多原本正向的次序就会被颠倒、打乱。因此，追求事业和财富的努力，也就会付诸东流。

一个人相当于一个企业，企业家经营企业，人经营自己的人生。这时，你就是你自己的CEO，人格完善就会获得盈利，人品有缺陷就会导致亏损。

在自我完善的路上，要靠自己不断地读书、学习、交流、自我思考。思维在变就是人生境界在变，没有变化就没有人生的发展。

做自己人生的CEO，除了勇于舍弃废旧过时的东西、扔掉已经无用的东西、拆掉思维里的墙、告别狭隘的人格之外，还要对各种限制性的信念做断舍离、轻装上阵。

没有自我完善的思维和高尚的品格，就去追求财富，等于缘木求鱼。先完善个人人格、树立个人魅力以后，再追求财富，财富能量就会自然而然地主动眷顾。

石油大亨洛克菲勒在写给自己儿子的信中说：我们要想守住财富，前提是要学会把自己的财富布施出去。从我还是孩子的时候，我得到金钱就会布施出去，随着我收入的增加，我也会同步增加我的布施。

有人认为，洛克菲勒只是为了改善自己的公众形象，布施一点小钱，装装样子而已。他的助理在书中介绍，洛克菲勒数十年来一直坚持布施。在洛克菲勒的一生中共布施出去5.5亿美元。卡耐基也有庞大的布施数据。这样的例子还有很多，他们通过德行和智慧赚钱，再通过智慧和德行守财。舍出去得越多，得到的也就越多。

他们并不是因为先有了钱，才舍得布施出去，而是因为先有布施出去的心，才得到了源源不断的钱。

当一个人愿意付出、给予、回报和布施的时候，也证明他既有优良的德行，又有足够的能力和实力。一个具备高尚德行和超强能力的人，又怎能得不到财富呢？

爱因斯坦说，我每天上百次地提醒自己，我的精神生活和物质生活都在依靠别人（包括活着的人和死去的人）的劳动。我必须尽力以同样的分量来报偿我领受了的和至今还在领受着的东西。

一位国学大师曾经说过："人生在世，一切财富、名誉、地位，都是外在的成就。只有德行，才是根本。"

"厚德载物"这个成语，就是对"德行守财"这个逻辑的最好诠释。《了凡四训》有云："世间享千金之产者，定是千金人物。"意思是说只有拥有了深厚的德行，才能够稳定地承载丰厚的物质财富。

小富靠精明，大富靠利他

有一句名言："穷则独善其身，达则兼济天下。"人一旦拥有了财富，就想着去做利他的事情，做一些利于大众的事情。

社会的规律是越多地做一些带给别人利益的事情，就越能收获更多的财富。

有的时候，愿力比能力更重要，特别是在做大事业的时候，更是如此。

它会让我们生出更多的动力与能力来带动团队发展，让事业开展得更加红火。同理，如果一个人用自己的能力去带动更多的人成功，帮助更多的人获得财富，自己的能力和财富也会随之水涨船高。

有远见的企业家和管理者，总是认真研究激励机制，目的就是引爆员工的热情，成就更多的人。

也有很多企业，老板非常精明，天天研究制度，却是为了制定罚款条款，这个做不对要罚，那个做不对要罚。这样的制度，目的都是约束员工。

用奖惩制度算计员工和用激励机制成就员工，这二者有本质的不同。老板的眼界不同，格局就不同，做法就会截然不同。利他的老板和利己的老板，能够成就的事业当然也会有本质的不同。

中国人说"施比受有福"，利他是经营者在商业社会中成就事业需要遵循的一个普世发展规律。无论是做生意还是做人，如果我们所创造的机会、服务和产品能够为他人带来价值，也就证明了我们自己的人生价值和人生成就。

如果做人、做事都有一颗利他的善心，本着真诚之心与他人合作、共享共赢，发展事业的道路就会更加通达。

利他，就是互相尊重，共同发展。如果我们想要让自己拥有更多的财富，就要保持利他的思维、帮助更多的人也获得财富，这是一条实现目标的捷径。按照现在流行的说法，就是共同富裕。

感恩惜福，是宝贵的财富

我们知道，财富除了金钱这个有形的形态之外，还有无形的。常怀感恩之心，就是财富的一种重要存在形式。或者说，感恩的心态是离财富最近的一种能量状态。

有一位富人在总结自己的成功经验时，说过这样一段话：是感恩的心改变了我的人生。当我清楚地意识到我没有任何权利要求别人时，我对周围的点滴关系都怀抱着强烈的感恩之心。我坚持竭尽全力地回报他们，让他们感到快乐。结果，我不仅工作得更加愉快了，所获得的帮助也更多了，工作也越来越出色了。因此，我很快就获得了公司升职的机会，财富也随之而来。

我们每个人都有遇到困难的时候，在我们困难的时候能够对我们伸出援手的人，都是我们生命中的贵人。对于这些帮助过我们的人，需要常怀感恩之心。而且无论在任何时候，我们都要明白：只有懂得感恩的人，才会拥有更多的财富。

人的一生中，与家人、朋友、同事建立的联结非常多，这些都是积累财富的社会基础。

就像毕淑敏讲的那样：每个人都要是一个心存感恩又独自远行的人，知道谢父母，却不盲从；知道谢天地，却不自恋；知道谢朋友，却不依赖；知道谢每一粒种子、每一缕清风，也知道要早起播种和御风而行。

感恩当下，又有远方，知道自己的方向。无论曾经遇到什么困难、经受怎样的挫折、身处何种境况，都要心怀感恩。感恩自己遇到的一切、得到的一切、发生的一切。这样的人，无论男女老少，内心一定是笃定和强大的。感恩不是完成一项任务，也不是证明一个道理，更不是体现一种风格，而是发自内心意识到了自己的幸运，是发自内心体悟的正能量表达。感恩是欢喜之源，也是财富之源。

无论是从自身的角度，还是从家庭、父母、配偶、孩子、人际关系的角度，甚至从自己工作与生活的角度，一个人一旦意识到了自己的幸运，就会懂得感恩，并且由内而外散发一种祥和、淡定和从容的气场。

这种状态，表现在外的就是不急不躁、不争不抢、不怨天尤人，更不会把责任和过错推到别人的头上。

也有很多人不懂得感恩的秘密。他们充满负能量、特别喜欢抱怨，抱怨生不逢时，抱怨嫁错了老公，抱怨不该生孩子，抱怨没有早一点离婚，甚至抱怨不该来到这个世界上。越抱怨，体内积聚的负能量就越多，就越无法看到自己所拥有的幸福。最终，好事就会渐渐远离。

那些人一旦把抱怨变成感恩，他们就会发现，天还是那个天、人还是那个人、事还是那个事，但心情变得开朗、平静、愉悦。心平和了，做事就顺了，财富自然就来了。

下面，看一个美国人的故事：

有一个作家出差时，无意中坐了一辆非常有特色的出租车。司机穿着干净，车里也非常干净。

作家刚刚坐稳，就收到司机递来的一张精美卡片。卡片上写着："在友好的氛围中，将我的客人最快捷、最安全、最省钱地送达目的地。"看到这句话，作家很惊喜。

这时，司机说："请问，你要喝点什么吗？"作家诧异："这辆车上难道还提供喝的吗？"

司机微笑着说："对，我不但提供咖啡，还有各种饮料，还有不同的报纸。"作家说："那我能要杯热咖啡吗？"司机从容地从旁边的保温杯里倒了一杯热咖啡给作家。

然后，又给了作家另一张卡片，卡片上是各种报纸的名称和各个电台的节目单，只见上面写着《时代周刊》《体育报》《今日美国》……简直太全面了。

作家没有看报,也没有听音乐,而是和司机攀谈了起来。其间,这个司机善意地询问这个作家,车里的温度是否合适、离目的地还有条更近的路是否要走……作家觉得简直温馨极了。

司机说:"其实,刚开始的时候,我的车并没有提供如此全面的服务。像其他人一样,我爱抱怨糟糕的天气、微薄的收入、拥堵严重得一塌糊涂的路况。那时,我每天都过得很糟糕。后来,我跟着一位老师学会了感恩、不抱怨的课程,之后才开始改变。"

司机接着说:

"第一年,我只是微笑地对待所有的乘客,我的收入就翻了一倍。"

"第二年,我发自内心地去关心所有乘客的喜怒哀乐,并对他们进行宽慰,这让我收入再翻了一番。"

"第三年,也就是今年,我让我的出租车变成了全美国都少有的五星级出租车。除了收入,上涨的还有我的人气。现在要坐我的车,一般都需要提前打电话预约。"

通过这个故事,我们不难发现,一个人无论从事什么职业,当他学会了只感恩不抱怨,路就会宽阔起来。不再抱怨环境、不再抱怨生活、不再抱怨工作和他人,无论走到哪里,都带着满满的正能量,让别人舒服的同时，也能让自己从内到外富足起来。

对于已经成功的人士也是一样。毕竟没有人永远站在人生的顶峰，所有的过往都隐藏在事无巨细的生活洪流里。人在实现财富自由而获得生活安宁的同时，再加上感恩的心，才能在浮躁的生活里看见平凡生活中的更多美好。

总而言之，心怀感恩，不仅能带来内心的从容与安宁，还能生成外在的气场与吸引力。这也是与财富能量同频共振的一种内心能量状态。保持这种状态，就会吸引来更多外在的财富。

大富之人，深谙舍与得的关系

在我国古代有一个被称为"商圣"的人，他就是范蠡。他在从事商贸活动期间，先后三次成功积累了巨额的财富，成为当时的全国首富。《史记》中称其"累十九年三致金，财聚巨万"，可以说是非常了不起。

更难得的是，范蠡对人温和友善、慷慨大方，遇到天灾人祸时，他总是乐善好施，常开粥厂赈济灾民。灾民听说有这么一个大善人，经常会从千里之外赶来投奔他，从而让他名扬四海。

范蠡致富凭借的是自己的勤奋和智慧，从来不搞阴谋诡计。同时，他又慷慨地回报社会，可以说是一个少有的擅长挣钱却不受金钱奴役的智者，连史学家司马迁都深深地被范蠡这种超然物外的境界所折服，夸赞他"富好行其德"。

在今天，也有一个被称为"真正的首善"的中国企业家，他就是曹德旺，他从自己的企业开始盈利后就不断回馈社会。

2021年5月4日，曹德旺一次性捐款100亿元，在福建成立一所民办公助大学，取名"福耀科技大学"，初步选址在福州市高新区。

这所学校的办学规模设定在3000—5000人，以理工科专业为主，专业设置对标目前中国相对弱势、被外国卡脖子的理工领域，每个专业均配建标准实验室，旨在培养国内高新产业紧缺的人才。

他将大学建成后直接交给国家。他说："我做企业不是为了钱，而是为了国家的兴旺发达。在我手上赚的钱，死之前必须还给社会！"

无论是范蠡，还是曹德旺，还有很多这样积累了巨额财富并懂得回馈社会的人，堪称富而有德形象的代表。他们不但有钱、有德，而且还能舍、能奉献、能布施。

生活在现实社会中，大家都乐意给自己做"加法"，不断地给自己的生活加分，如积累知识、积累财富、积累人脉等。而很多人并不善于，也拒绝做"减法"，因而使生活变得非常沉重、非常累。

舍得，既是一种处世的哲学，也是一种做人做事的艺术。舍与得的关系，就如同天与地、阴与阳、水与火，是既对立又统一的概念，相生相克，相辅相成；出乎天地，入于心间。看似简单，实则囊括了万物运行的所有机理。

下面，再看一个故事：

在世界反法西斯战争胜利的凯歌中，以美国总统为首的几个战胜国领导人几经磋商，决定在美国纽约成立一个协调处理世界事务的机构——联合国。

消息一经传出，美国著名财团洛克菲勒家族立即召开家族会议，决定在最短时间内出资 800 多万美元，在纽约买下一块地皮，将其无条件地赠送给这个刚刚挂牌、资金非常短缺的国际性组织。

与此同时，洛克菲勒家族还斥巨资，在这块地皮周围，买下了更多的地皮。

对此，很多人都认为洛克菲勒家族故作大方、沽名钓誉，甚至认为这是"蠢人之举"。出人意料的是，联合国大厦刚刚竣工，与之毗邻的地皮便开始迅速升值。

洛克菲勒财团瞅准时机，或是转手，或是自行投资开发，在很短时间内，就赚取了数亿美元的财富。洛克菲勒家族的这种先予后取之道，可谓名利双收，堪称商界经典。

对于普通人来说，虽然很难有如此大的手笔，但遵循"欲先取之，必先予之"的舍得原则，终究也能成就人生，正所谓"有舍才有得"。

财富的吸引力法则

人人都渴望人生一帆风顺并且能拥有很多财富，而如果不按照客观规律经营，就会事与愿违，一不小心就会陷入无序与混乱的状态，因为世间万物生长有序。

人们只有在日常生活中坚持不懈地学习、一点一滴地积累，然后形成一种能够自我觉察和调整的能力，才能找到隐秘的规律和法则，最后改变无序和混乱的状态，从而变得顺畅。

此外，人们对于自身所处境遇的感觉因人而异。感觉不同，能量状态也不同，能量状态不同，成功的概率也就不同。

任何事物、任何人、任何社会，都有正面和负面，我们需要学会关注正面。人们常说：你关注的焦点在哪里，你的世界就在哪里。

你买了一部苹果手机，发现用苹果手机的人特别多，于是不用苹果手机了，改用华为手机，结果发现用华为手机的人也不少；你买辆奥迪车，看到开奥迪的人特别多，于是你买了别克，结果发现路上的别克也不少。

世界是多面的，我们需要学会多关注正面，把注意力的焦点放在那些对自己有价值的事情上。创业如此，投资如此，赚钱如此，其他东西亦如此。只有心怀积极正向的信念，才能吸引来同频的人和事，也才能取得正面的结果。

内在的思维和信念，是改变外在状况的力量。积极的思维和信念产生积极的能量，从而带来积极的效果，这也就是吸引力法则。

如果笃定相信的力量时刻充盈在你的头脑中，你的思维和信念就会不断更新，并且彰显于外在。

最终让这种力量形成本能，从而持续地发挥正向、积极的作用。当你相信你是一个可以拥有财富的人并且持之以恒地为之努力，你就真的会变成一个富足的人。吸引力法则的强大之处，就是潜意识在发挥作用。人们意识中的任何想法都会在潜意识里留下印记，这些印记会形成自己人生的特有运行模式，这些模式也是解决生活中一切问题、应对事业上一切挑战的依据。

下面，来看一个令人振奋的真实故事：

罗杰·罗尔斯是美国纽约州历史上第一位黑人州长。他出生在纽约声名狼藉的大沙头贫民窟。这里环境肮脏、充满暴力，是偷渡者和流浪汉的聚集地。

在这儿出生的孩子，从小耳濡目染，学会了逃学、打架、偷窃甚至吸毒，长大后很少有人从事体面的职业。

然而，罗杰·罗尔斯是个例外，他不仅考上了大学，而且成了州长。在其就职的记者招待会上，一位记者对他提问："是什么把你推向州长宝座的？"

面对300多名记者，罗尔斯对自己的奋斗史只字未提，只谈到了他上小学时的校长——皮尔·保罗。

1961年，皮尔·保罗被聘为诺必塔小学的董事兼校长。当时正值美国嬉皮士流行的时代，他走进诺必塔小学的时候，发现这儿的穷孩子比"迷惘的一代"还要无所事事。他们不听老师的管教，旷课、斗殴，甚至砸烂教室的黑板。

皮尔·保罗想了很多办法来引导他们，可是都没有奏效。后来他发现，这些孩子都很着迷神秘未知的事情。于是，在他上课的时候就多了一项内容——给学生看手相，他用这个办法来鼓励学生。

一天，当罗尔斯从窗台上跳下，伸着小手走向讲台时，皮尔·保罗说："我一看你修长的小拇指就知道，将来你是纽约州的州长。"

当时，罗尔斯大吃一惊，因为长这么大，只有他奶奶让他振奋过一次，说他可以成为5吨重小船的船长。

这一次，皮尔·保罗先生竟说他可以成为纽约州的州长，着实出乎他的预料。他记下了这句话，并且相信了。

从那天起，"纽约州州长"就如同一面旗帜，飘扬在他的心中。罗尔斯的衣服不再沾满泥土，说话时也不再夹杂污言秽语，他开始挺直腰杆走路。

在以后的40多年间，他没有一天不按州长的标准要求自己。

51岁那年，他真的成了纽约州的州长。在就职演说中，罗尔斯说："信念值多少钱？信念是不值钱的，它有时甚至是一个善意的欺骗，然而你一旦坚持下去，它就会迅速增值。"

生活中不难发现，我们身边的好事和坏事都受自己意念的影响。有时候，我们之所以失败，是因为内心怀疑会失败；之所以成功，是因为内心相信会成功。强大的信念，会给生命带来无穷的力量！

影响一个人对事物评价结果的，不是事物本身，而是个人的认知和信念。比如，关于人性本善还是人性本恶，如果你相信人性本善，就会发现好人还是蛮多的；如果你相信人性本恶，就会发现坏人也挺多的。而人性究竟是善还是恶，取决于你的信念和价值观。

就像成语"望梅止渴"揭示的道理那样，假如我们相信一个目标能完成，我们的大脑和潜意识就会去找方法和资源，就有机会达成目标。

假如我们认为目标完不成，就会找各种借口，最终就会失败。

我们再看一个故事：

励志大师杰克·坎菲尔德，从小生活在一个充满负面情绪的家庭里，他的父亲不断地打击他、不断地给他灌输生活是艰苦的思想信念，直到遇到斯通，他的人生才发生转变。

斯通告诉他，想要成功，你必须设定一个目标。这个目标必须大到一旦达成，你就会高兴得飞上天。当时的杰克·坎菲尔德年薪只有8000美元，于是，他坚定地对自己说，我要在一年内赚到10万美元。

6个星期后，他写了著名的《心灵鸡汤》，赚了92327美元，基本上达到了他自己事先设定的目标。

这个故事诠释的道理就是，当你内心对某个目标怀有强烈渴望的时候，这个目标往往就能够实现，因为外在的结果来自内在的发心。

如果我们自己的意识和价值得不到改变和提升，就会一直处在一个较低的能量层级中，也就会吸引很多不好的人或事物。一旦突破到新的级别，人生就会完全不同。因此，我们要做的就是通过学习提升自己的思维。

虽然很多人在不断学习、扩充知识，却很难真正地成长，生活也没有明显的改善。原因就在于，虽然头脑中的知识量增多了，可是能量级别没有改变。如同自行车和汽车，即使自行车安装再多的加速工具，也仍然赶不上汽车的速度。

一个人处于什么样的频率状态，自然就会吸引同等频率状态的人、事、物到身边来。也就是说，任何事情的发生都是合适的，因为它是当事人此时的状态下吸引来的、该发生的事情。

每一个人的能量层级都是由他的信念、动机、行为准则和心灵境界决定的，而一个人的能量层级又决定了这个人的一生，因此我们每一个人最终都将会为我们的每一个念头、言论或者行为负责。

自然有规律，人生也有因果。春播种，秋收获。当我们的心态是公正无私、积极向上、相信付出必有收获的时候，我们的人生也会因此而变得深远厚重、踏实稳固和美满富足。

守护健康，等于赚取财富

财富是人赚取来的，靠什么赚取呢？靠财商。而财商建立在哪里呢？不外乎是健康的身体、头脑、观念、思维、信念和潜意识中。当这本书接近尾声的时候，我们要换个角度来看人生、看财富。其实，前面也已经提到过，真正的财富必须包括健康，或者不夸张地讲，健康是一个人最大的财富。

有多少人打拼了大半辈子，积累下一笔还算可观的物质财富，而突如其来的一场大病，就夺走了一切。这些年来，因病致贫、因病返贫、因病倾家荡产的事例屡见不鲜。

生而为人，一旦失去生命，就无法重来。钱没了可以再赚，而健康没了就一切都没了。

人们常说，健康是1，其他我们追求的美好事物，都是1后面的0。排列起来就像100000000（1亿）。可是，一旦前面的这个1没有了，即使后面的美好事物再多，堆在一起，也还只是一个0！

常言道：有什么别有病，没什么别没钱。不怕挣得少，就怕走得早。这些话强调的都是一个含义：健康很重要，健康是人生第一财富！无论用多少金钱，都无法买回行将失去的生命。

如果一味追求物质财富而忽视管理自己的健康，就会出现"上半辈子拼着命赚钱，下半辈子舍着钱续命"这样的悲剧。

只是在钱财面前，很多人都有点贪；在疲劳、疾病面前，很多人都有点侥幸心理；在健康教育面前，很多人都不够谦卑好学。

那么，究竟怎么做，才能安全地守护我们的健康和财富呢？建议你从现在开始，把学习全面健康管理技术的计划严肃地列到重要议事日程上来，并且认认真真地对待，不折不扣地执行！

守护好我们的健康，就等于赚取财富和留住财富。

毕竟，在人生漫长的岁月中，到底是金钱更有用，还是生命更有用，这笔账不难算。

这几年，已经有越来越多的人开始意识到健康是最珍贵的财富了。

这一点，可以从我的另外一本书《不治而愈——与身体合作而不是对抗》的销售状况看得出来。这是一本治未病的通俗指南，也是重启身体强大免疫力的实操手册。

最后在此，把上述那本书序言中的结尾段献给尊敬的各位读者：但愿日益增多的健康危机能够让更多人醒悟，不再被动地依赖现代医疗体系和医疗保障体系，重新学习生命能量管理和全面健康管理的原理与技术，对自己的生命真正做主，并重建自己的生命硬件和软件系统，为自己的生命建立真正可靠的安全防火墙。从此把尊严还给生命，让生命不再输给无知！祝愿大家都能够与健康同行！